U0330235

中国式现代化与城市国际化丛书

中国式现代化
与广州国际交往中心城市建设

鲍雨　伍庆◎著

中山大学出版社
SUN YAT-SEN UNIVERSITY PRESS
·广州·

版权所有　翻印必究

图书在版编目（CIP）数据

中国式现代化与广州国际交往中心城市建设/鲍雨，伍庆著．—广州：中山大学出版社，2024.9

（中国式现代化与城市国际化丛书）

ISBN 978 - 7 - 306 - 08085 - 1

Ⅰ．①中…　Ⅱ．①鲍…　②伍…　Ⅲ．①国际交流—研究—广州
Ⅳ．①D827.651

中国国家版本馆 CIP 数据核字（2024）第 087134 号

出　版　人：王天琪
策划编辑：金继伟
责任编辑：王　璞
封面设计：曾　斌
责任校对：周昌华
责任技编：靳晓虹
出版发行：中山大学出版社
电　　话：编辑部 020 - 84110283，84113349，84111997，84110779，84110776
　　　　　发行部 020 - 84111998，84111981，84111160
地　　址：广州市新港西路 135 号
邮　　编：510275　　传　真：020 - 84036565
网　　址：http：//www.zsup.com.cn　E-mail：zdcbs@mail.sysu.edu.cn
印　刷　者：佛山市浩文彩色印刷有限公司
规　　格：787mm×1092mm　1/16　14.5 印张　220 千字
版次印次：2024 年 9 月第 1 版　2024 年 9 月第 1 次印刷
定　　价：78.00 元

如发现本书因印装质量影响阅读，请与出版社发行部联系调换

广州市社会科学院新型智库平台

广州国际城市创新研究中心

广州市宣传思想文化优秀创新团队

广州城市国际交往研究团队

本成果受广州市哲学社会科学发展"十四五"规划 2023 年度一般课题项目"广州强化提升国际交往中心功能研究——以中国式现代化背景下的中心城市为视角"（编号：2023GZYB88）资助

目录

第一章

中国式现代化与国际交往中心城市新使命

现代化是一个多层次、多阶段的历史过程，其内涵极为丰富，国内外学界对其给出不同定义。研究当代中国现代化理论与比较现代化进程的主要开创者罗荣渠提出，广义的现代化作为一个世界性的历史过程，是指人类社会从工业革命以来所经历的一场剧烈变革，它以工业化为推动力，导致从传统农业社会向现代工业社会的全球性大转变，使得工业主义渗透到经济、政治、文化、思想各个领域并引起相应的深刻变化。狭义的现代化不是一个自然的社会演变过程，而是落后国家通过有计划的经济技术改造和学习世界先进技术带动社会改革，以迅速赶上先进工业国家水平和适应现代世界环境的发展过程。① 也有学者认为，现代化指的是 18 世纪工业革命以来人类社会所发生的深刻变化，包括从传统经济向现代经济、传统社会向现代社会、传统政治向现代政治、传统文明向现代文明等各个方面的转变，是将整个人类紧密相连的重要历史进程。② 总而言之，自 20 世纪以来，现代化的浪潮席卷全球，缔造了许多地区的领先成就，也成为绝大多数国家的奋斗目标，推动人类文明不断走向新的辉煌。在中国共产党的领导下，中国和中国人民仅仅用几十年的时间就走完了发达国家几百年走过的工业化历程，创造了举世瞩目的发展奇迹，也证明了中国式现代化道路与模式是一个伟大创举。

---

① 罗荣渠：《现代化理论与历史研究》，载《历史研究》1986 年第 3 期，第 19 – 32 页。
② 何传启：《现代化概念的三维定义》，载《管理评论》2003 年第 3 期，第 8 – 14、63 页。

一、中国式现代化的时代内涵

党的二十大报告指出："从现在起，中国共产党的中心任务就是团结带领全国各族人民全面建成社会主义现代化强国、实现第二个百年奋斗目标，以中国式现代化全面推进中华民族伟大复兴。"中华人民共和国成立70多年来，中国式现代化道路的逐步形成和深化拓展，持续彰显中国特色社会主义的强大生命力和巨大优越性，打破了"现代化就是西方化"的迷思，对历史和现代、对中国与世界都具有重大价值和深远影响。

（一）中国式现代化的历史溯源

纵观古今中外，不同国家历史传统、基本国情和现实使命存在各种不同，选择的现代化道路、理念和结果也就产生了巨大差异，可以说是从不同的"起跑点"出发，再以不同的"加速度"前行。由于资本主义现代化最早从西方萌芽，工业化、城镇化和信息化等也是从欧美发达国家和地区开始启动，使得他们以强大的先发优势成为世界现代化制度的"范本"，也从此长期把控和垄断"西方中心主义"的现代化话语权。

第二次世界大战以来的历史表明，想要在西方构建的现代化话语体系和主宰的世界政治经济秩序中突出重围，抑或是独善其身都绝非易事。在西方现代化的成果诱惑与发达国家的统治惯性下，近代以来的许多发展中国家都只能在"依附性的发展"和"脱钩后的贫穷"之间选择其一，难以在巨大的外部压力下保持国家和制度的自主独立。然而以拉美国家为典型案例的无数事实证明，西方现代化模式对于发展中国家而言只是一种看上去很美的图景，盲目套用西方现代化模板必然出现"水土不服""消化不良"等情况。时至今日，许多国家仍在"亦步亦趋"的道路上"步履蹒跚"甚至发生后退，他们渴望找到真正符合本国现实情况的现代化模式与路径。

在中国共产党的领导下，中国式现代化道路改变了16世纪以来西方列强所主导的现代化逻辑。自鸦片战争以来，历代仁人志士不屈不挠、尝试各种道路，但最终都以失败告终，由此表明资产阶级的改良方案在中国大地上是行不通的。直到十月革命将马克思主义送入中国，中国共产党在中华民族面临生死存亡的关键时刻走上历史舞台，从根本上改变了中国人民的前途命运，真正推动中国走上现代化的伟大道路。中国人民在中国共产党的领导下，用几十年时间走完了发达国家几百年走过的工业化历程，创造了短时间内"弯道超车"的发展奇迹。以建党百年为标志，中国开启了全面建设社会主义现代化国家的新征程。因此，中国式现代化不是毫无依据地"从天而降"，而是中华五千年文明的延续、迭代与创新，展现了人类文明加速发展的广阔前景与强劲动能，为世界上那些既渴求转型发展，又需要保持独立性的国家、地区和民族提供了深刻启示。

（二）中国式现代化的时代眼光

中国式现代化以开放的视野、时代的眼光锚定发展目标，根据不同时期的发展需要，分别制定全面清晰的战略规划，是理性、客观和符合科学规律的现代化道路。新中国成立后，毛泽东同志提出"将我们现在这样一个经济上文化上落后的国家，建设成为一个工业化的具有高度现代文化程度的伟大的国家"的奋斗目标。改革开放新时期，邓小平同志提出了"中国式的现代化"概念，强调"我们要实现的四个现代化，是中国式的四个现代化"。自党的十二大起，党的历次全国代表大会都对推进社会主义现代化建设做出战略部署。从"四个现代化"战略、"三步走"战略、"新三步走"战略再到"两个一百年"奋斗目标等，既充分调研中国当下的发展实际和紧迫要求，也顺应时代发展潮流，具有高度的延续性、一致性和前瞻性。除各类长期规划之外，我国还制定了中长期目标和短期目标相结合的各类五年规划、年度计划等，这些发展规划均建立在实事求是、与时俱进的基础上，兼备引领性与可行性，能在预期时间内甚至提前实现目标，与部分西方国家政府向民众做出"画大饼"式的承诺有着本质上的区别。

以习近平同志为核心的党中央团结带领全国各族人民，在取得全面建成小康社会，顺利实现第一个百年奋斗目标等历史性成就的基础上，以更加自觉的历史主动精神，对第二个百年奋斗目标分两个阶段进行了科学安排，即从 2020 年到 2035 年"基本实现社会主义现代化"，从 2035 年到本世纪中叶即 2050 年，把我国"建成富强民主文明和谐美丽的社会主义现代化强国"。这一规划不仅明确了社会主义现代化强国建成的时间表、路线图，也进一步丰富了社会主义现代化强国的内涵，表明中国式现代化绝非西方某些国家走过的"老路"，而是承载着民族复兴伟大追求、具有鲜明探索性和先进性的"新路"。

中国式现代化坚持以马克思主义为指导，将传统与现代有机统一起来，推进中华优秀传统文化创造性转化、创新性发展，凝聚起全体人民守正创新的民族精神，使中华文明在新时代焕发更加强大的生命力。经过新中国 70 多年的持续探索和改革开放 40 多年来的伟大实践，中国式现代化道路已经通过历史和实践的考验，被证明是中华民族通往光明前景的康庄大道。坚持中国道路是中国共产党百年历程中实现历史性跨越的重要经验，也将成为让中国从现代化的"后进生"蜕变为"领跑者"和"增长极"的必然选择。

（三）中国式现代化的中国特色

党的二十大报告指出："中国式现代化，是中国共产党领导的社会主义现代化，既有各国现代化的共同特征，更有基于自己国情的中国特色。"习近平总书记强调："现代化道路并没有固定模式，适合自己的才是最好的，不能削足适履。"世界上从来没有"放之四海而皆准"的现代化模式，任何国家或民族在选择现代化道路时，关键点都在于要确定符合、尊重且适应本国国情。只有能够切实促进经济蓬勃发展、社会稳定进步和生活福祉提升的发展道路，才能得到人民的衷心支持和拥戴，也才能真正实现健康可持续的现代化发展。

中国式现代化是马克思主义基本原理与中国具体实际相结合、与中华优秀传统文化相结合、基于中国历史事实和传统经验的伟大发明，既凝聚了各国现代化的共同特征，更具有独树一帜的中国特色。中国式现代化的"中国性"，从驱动因素上体现为"后发外生型"的现代化，即现代化起步时间较晚，且是由于面临外部挑战甚至民族危亡之际迸发的改革变迁过程，呈现出较为激进的"自上而下"和人为作用特征。① 从发展模式上看，西方早发型国家用200多年的时间依次完成了工业化、城镇化、农业现代化、信息化等"串联式"的现代化，而中国则在奋力赶超先发国家的过程中实现了一种"并联式"现代化，即将现代化的漫长过程急剧缩短，变成了"时空压缩式"的现代化。从文化因素上看，中国式现代化深深植根于中国土壤、牢牢立足于中国历史，形成了自成一体的价值体系，并与中华民族文化基因血脉相嵌合，具有鲜明的"中国式"烙印，原创性的差异化路径值得别国尊敬。从成就规模上看，当今世界将近200个国家和地区中，实现现代化的国家不到30个、总人口不到10亿。中国作为一个拥有14多亿人口的大国，成功让占据世界人口近五分之一的人民摆脱贫困、实现小康并整体迈进现代化，其规模超出现有发达国家的总和，不仅彻底改写现代化的世界版图，也在人类历史上写下浓墨重彩的中国式理念、经验与方案。

通往现代化的道路不是独一无二的，实现现代化的模式也不是一成不变的。在充分总结、吸取世界现代化经验教训的基础上，结合中国的现实国情不断探索取得的宝贵经验，是中国式现代化的关键所在，也是世界现代化的宝贵财富。中国式现代化道路以中华文明为根基，以现代化为历史使命，以社会主义为价值取向，通过中国共产党不懈的百年奋斗，熔铸成一条能够超越西方现代文明并能克服其内在危机的现代化新路，彰显出中国特色社会主义的强大生命力和巨大优越性，也展现出负责任大国的新作为、新担当。

---

① 陈希颜、陈立旭：《中国式现代化的共同特征与中国特色》，载《治理研究》2022年38卷第6期，第23－30、125页。

（四）中国式现代化的世界站位

中国作为世界上最大的发展中国家，近年来综合国力和国际影响力持续提升，国际社会对中国发展走向的关注也与日俱增，特别聚焦于"中国将以什么样的方式实现现代化"这一命题。对此，中国式现代化交出了和平发展、造福世界的答卷。"万物并育而不相害，道并行而不相悖"，中国式现代化不仅是民族的，也是世界的。中国式现代化在坚持独立自主的同时，也不断对中国与世界之间的关系进行梳理、反思和回应，是世界现代化进程中的重要组成部分，对于其他国家尤其是发展中国家具有普适性的深远影响和重大意义。

中国式现代化的"世界性"，在于有主体性地吸收、学习西方式现代化的优点和精华，以此来弥补中国式现代化可能存在的困难与不足，不断丰富拓宽现代化的内涵与外延。同时，中国式现代化与西方现代化不是非此即彼的对立关系，而是可以在交融互动、交流互鉴中取长补短、担任"他山之石"，深化不同现代化模式之间的交流与认识。中国主动吸取借鉴西方现代化的有益经验，迁移到国内的发展，西方国家也应当在中国式现代化的成功探索中审视自身模式的缺陷和挑战。因此，一方面，在经济全球化背景下，中国式现代化所取得的巨大成就本身就为构建互利共荣的全球现代化图景做出了巨大贡献；另一方面，中国式现代化的理论效用也大大超出了民族、国家的固定边界，具有鲜明的世界历史价值和理论意蕴。

中国式现代化道路主动接通了世界文明发展的主流大道，对于全球文明历史具有多重意义，它向世界宣示了一种古老文明迎来复兴的人类文明新形态，推动人类社会向着更加均衡、普惠、符合全世界人民诉求的方向前进。中国式现代化依靠的就是中国特色社会主义的道路、理论、制度、文化，让科学社会主义在21世纪的中国焕发出勃勃生机，推动世界范围内两种意识形态、两种政治制度的碰撞对话，为世界社会主义运动注入新的活力与动力。在可预见的未来里，中国将继续大力弘扬和平、发展、公平、正义、民主、自由的全人类共同价值，深刻重塑着世界历史面貌和人类文明走向，继续为造福全人类创造奇迹。

二、城市在中国式现代化中的重要角色

城市是我国经济、政治、文化、社会等方面活动的中心。党的十八大以来，习近平总书记围绕城市工作发表了一系列重要论述，明确了城市发展的价值观和方法论，深刻揭示了中国特色社会主义的城市发展规律，深刻回答了城市建设发展依靠谁、为了谁的根本问题，以及建设什么样的城市、怎样建设城市的重大命题。城市化是中国式现代化中的重要一环，中国式现代化与城市之间有着密不可分的关系。中国"并联式"的现代化要在不到100年的时间里推动城市的工业化、信息化、城镇化、农业现代化的叠加发展乃至同步发展，也对城市提出了更高要求。中国式现代化有着鲜明的特征，是人口规模巨大、全体人民共同富裕、物质文明和精神文明相协调、人与自然和谐共生、走和平发展道路的现代化，城市的发展则是中国式现代化特征的集中体现。

（一）城市是巨大人口规模的主要载体

人口规模巨大的现代化是中国式现代化的首要特征。城市是现代化进程中人口集聚的空间载体，承载着主要的生产生活活动。自改革开放以来，我国城镇常住人口由1978年的1.73亿快速增长到2023年的9.32亿，常住人口城镇化率由1978年的17.92%提高到2023年的66.16%，提高了48.24个百分点，近5年年均提高0.93个百分点，顺利完成了世界历史上速度最快、规模最大的城镇化进程。这意味着一个14多亿人口的大国用了短短40年时间完成了西方国家花了两三百年时间才完成的城镇化，可以说是世界历史上速度最快、规模最大的城镇化进程，缔造了世界历史上的奇迹。城市人口集聚与人口规模持续扩大，使得城市发展与城市秩序之间的张力日益凸显，不但促进了国民经济持续快速发展，也推动

了社会结构的深刻变动和社会事业的全面进步，成为助推中国式现代化的重要动力。

与此同时，城市加速集聚经济、文化、教育、信息等各类资源，为人们提供更多的就业机会和生活便利，吸引大量人口从周边区域流入、居住和工作，造就了一批人口规模和经济体量巨大的超大、特大城市。2020年，根据我国第七次全国人口普查数据统计，共有 7 个超大城市常住人口超过千万大关，分别为上海、北京、深圳、重庆、广州、成都、天津，其中前四城的常住人口已经超过 2000 万人。人口在 500 万以上 1000 万以下的特大城市共有 14 个。从人口规模看，这 21 个超大、特大城市的人口占全国人口规模的比重超过 20%。从经济规模看，这 21 个城市的经济总量占全国三成以上，其中有 17 个城市的 GDP 超过万亿元门槛，经济规模第一的上海已连续 3 年的 GDP 超过 4 万亿元。这些城市作为我国社会经济发展的增长极和"火车头"，拥有着势不可挡的人口虹吸效应和无可比拟的规模经济效应，推动了社会结构发生着深刻变动，成为中国式现代化进程中当仁不让的强大引擎。

（二）城市是实现全体人民共同富裕的基础动力

共同富裕是社会主义的本质要求，也是中国式现代化的重要特征。任何大国的发展总是始于非均衡发展，鼓励一部分地区先富起来，然而很多国家就此陷入两极分化的泥淖而难以自拔，甚至导致现代化进程中断。1955 年 10 月，在社会主义改造即将完成的重要时刻，毛泽东同志首次把实现共同富裕的目标与中国将建立的社会主义基本制度相结合，为我国走向共同富裕提供了初步设想和路径。随着改革开放的全面推开，邓小平同志阐明了共同富裕作为社会主义最大优越性的深刻内涵，丰富和发展了共同富裕的理论，指出了一条如何走向共同富裕的具体路径。共同富裕不是"同步富裕"，也不是"劫富济贫"，而是"先富带动后富"。发展水平在全国乃至全球居于前列的城市，属于有条件先发展、先富裕的地区，既肩负着带动和帮助后富地区的责任，也承担着坚持中国道路、实践新型举国体制，打造中国式现代化"样板间"的使命。

习近平总书记指出，"推进城镇化是解决农业、农村、农民问题的重要途径，是推动区域协调发展的有力支撑，是扩大内需和促进产业升级的重要抓手，对全面建成小康社会、加快推进社会主义现代化具有重大现实意义和深远历史意义"。在改革开放的过程中，我国城乡差距一度明显拉大。推进共同富裕以缩小地区差距、城乡差距、收入差距为三大主攻方向，其中缩小乃至消灭城乡差距是核心任务。城市在积累雄厚经济实力和发展经验的基础上，日渐形成强大的外部溢出效应与辐射带动功能，为帮扶广大乡村地区奠定了扎实根基。随着以城市反哺农村的城乡融合发展、乡村振兴之路纵深推进，农村居民人均可支配收入增速持续快于城镇居民，城乡居民收入相对差距持续缩小。国家统计局数据显示，2023年城镇居民人均可支配收入51821元，同比增长5.1%；农村居民人均可支配收入21691元，同比增长7.7%；2023年城乡居民人均可支配收入之比为2.39，比2013年的3.03显著下降，实现城市发展带动全面脱贫与乡村振兴。我国新型城镇化道路与乡村振兴战略相辅相成，既在不断提高乡村人口非农就业，也为乡村提供源源不断的资金和技术支持，逐渐形成"工业反哺农业、城市支持农村"的长效机制。在城乡居民收入水平大幅度提升、生活水平大幅度改善的同时，区域差距、城乡差距、收入差距逐步收缩，为推动城乡要素双向流动发挥重要的杠杆作用。

（三）城市是物质文明和精神文明协调发展的核心舞台

城市是文明的产物。作为国家和民族历史活动的发生地，每一个城市都孕育了独特的历史文化，创造出丰富多彩的文明成果和各有特色的文化遗产，为人类先进文明积累、衍生与迭代提供了富有营养的土壤。习近平总书记指出，"实现中国梦，是物质文明和精神文明均衡发展、相互促进的结果"。城市不仅是创造物质财富和革新生产关系的重要载体，也是创造精神文明与促进文化交流的重要平台。城市是硬实力与软实力兼备的综合体，生产方式、社会财富、建筑形态、硬件设施等各类物质文明构成城市生存所必备的"硬基础"，而城市内在蕴含的历史文化、社会结构、价值导向、文化资本、市民素养和对外影响力等无形因素成为彰显城市精神风貌的"软名片"。物质文明与精神文明都是源于城市发展、丰富城市文明、描绘城市脉络的有机组成部分，是城市实现可持续发展的关键要素，推动城市在中国式现代化进程中成为承载文化的容器和文化实践的舞台。中国式现代化对城市平衡好物质文明与精神文明之间的关系提出了要求，要在两者兼顾中实现人文交流的螺旋式上升，实现国内外受众的全面健康发展。

城市集聚图书馆、博物馆、影剧院、文化馆、美术馆、音乐厅等文化场所，为满足人们品质化、个性化、多样化的文化消费需求提供了载体。城市拥有各种文艺院团、教育与科研机构等文化事业单位，通过汇聚大量文化资源与平台，为人们提供文化创造、衍生与研究的空间。城市是文化产业创新的孵化器，培育和支持包括内容创作、创意设计、文化教育、娱乐休闲等不同类型文化企业的发展，成为文化产业产值创造的重心。城市也是多元文明发生对话的集中场所，以各种类型的人文交流与合作为主要手段，促进人文交流合作，大力推动中外文明交流互鉴。城市将物质文明与精神文明"两手抓"，培育蓬勃发展的文化事业，营造健康向上的文明氛围，成为体现、引领和带动社会文明进步的中流砥柱，也让居民有更多的机会成为文化建设的参与者、展示者、分享者。物质文明与精神文明共同烘托城市气质、塑造城市魅力，不断深化拓展新时代文明实践，增强实现中华民族伟大复兴的精神力量。

（四）城市是人与自然和谐共生的重要场所

自工业革命以来，城市既成为地球上绝大多数人口的聚居地，也成为人与自然共生的主体形式，工业化、城市化和绿色化三者之间既相互制约，也相互促进。然而，人类不断对自然资源进行攫取和掠夺，特别是进入 21 世纪以来，工业化、城市化加速发展带来的人口与环境资源的矛盾日益尖锐。正如联合国《新城市议程》（*New Urban Agenda*）指出的，城市是应对气候变化和可持续发展的关键。随着人们对生活环境和生活品质的要求不断提高，如何既满足人民群众的物质需要，又可以保护自然生态永续发展，已经成为当今时代发展所必须面对的挑战。

由于城市发展步伐较快、积累资源较多、观念较为先进，已经逐步意识到生态环境的重要性，积极破解经济增长与可持续发展相平衡的难题，逐步从环境污染的主要制造者向环保治理的先行示范者转型。一批着眼和谐发展的城市发展新模式不断涌现，例如充分践行绿色环保理念的"绿色城市"，系统谋划城市格局、注重园林景观美化的"田园城市""花园城市"，改变城市废物处理方式、提升精细化管理水平的"无废城市"，为居民营造良好身心发展条件的"健康城市"等。以城市为主导的生态文明建设，不仅致力于改善城市内部的人居环境，提升宜居宜业宜游水平，还更加注重人口集聚、经济发展、社会进步与资源环境承载力相协调，紧密对接国土空间规划和新型城镇化规划，积极探索绿色、低碳、循环、韧性、可持续的城市发展新范式，进而实现人与自然和谐共生的中国式现代化。城市从系统设计出发，尊重生态规律并协调人、建筑与环境之间的关系，发挥绿色环保发展的示范效应，谋划普惠共生的和谐发展，担当推动人类文明生态转型与高质量发展的核心引擎。

（五）城市是展示和平发展道路的直观窗口

和平发展是中国根据时代发展潮流和我国根本利益做出的战略抉择，也是中国式现代化的鲜明特征。在国家总体外交战略指导下，地方部门作为"有限参与行为体"参与对外关系发展，为地方参与对外关系的央地、内外、地地合作留出最大化空间。[①] 我国城市始终以平等互利的态度推动经济、文化、科技等领域的对外交流与合作，致力于推动中华优秀传统文化的传承与弘扬，促进国内外城市间的友好交流，正在成为"经济塑造

---

① 张鹏：《论地方部门作为对外关系"有限参与行为体"》，载《世界经济与政治》2013 年第 8 期，第 139－155 页。

者""政治革新者""外交推动者"和"国际体系变革者"。① 随着全球化进程的深入发展，中国城市向世界展示的开放包容、互利共赢理念得到了广泛的认可和支持，树立了良好的外交形象，推动各国民心相通，为和平发展做出了积极的贡献。城市政府对外开展多领域、多方位、多层次的交往活动不仅能够推动中国与世界的贯通，也在中国式现代化道路模式的对外传播过程中扮演着越来越重要的角色。

城市举办的国际会议活动规格高，国际友好城市伙伴多，国际机构驻点密集，国际人士往来频繁，是代表我国走向世界舞台、参与国际竞争合作的典范。城市的国际交往向世界展示着中国的制度、文化和国际声誉，成为讲好中国故事，传播中国声音的载体和窗口。例如，以城市命名的国际多边会议，除了能够满足维护国家利益、实现城市多样化的经济社会发展需求之外，还发挥着推动各国公平发展、共同应对全球问题、共享城市发展经验等作用，为中国与国际的繁荣、安全和发展营造良好的沟通交流基础，彰显城市在全球治理中扮演的独特角色。国际友好城市关系的建立可以促进不同国家、不同城市人民之间的了解、友谊与信任，能够为城市在科技、文化、经贸、教育、环保、人才等方面开展实质性的交流合作牵线搭桥，为城市建设和发展提供经验共享渠道。城市的国际交往合作集中体现了中国式现代化道路的和平追求，既体现民间外交特色，又担负地方政府职责，是增进国际互信、深化互利互惠的重要渠道，也是加强交流对话、达成务实合作的直接窗口。

三、中国特色大国外交对城市国际交往的新要求

中国式现代化形成于"世界百年未有之大变局"和"中华民族伟大复兴战略全局"中，既肩负着我国社会主义现代化事业的发展任务，又

---

① 汤伟：《超越国家？——城市和国际体系转型的逻辑关系》，载《社会科学》2011 年第 8 期，第 19 - 27 页。

承载着引领世界前进的历史使命。在中国式现代化的本质要求中，推动构建人类命运共同体是不可或缺的一环，而全面推进中国特色大国外交正是实现人类命运共同体的必由之路。借助国际交往的路径与舞台，中国让世界看到现代化发展的更多可能性、创造性与多样性，也为描绘开放合作、互利共赢的全球现代化版图做出了重要贡献。在"两个大局"相互激荡的时代背景下，以习近平同志为核心的党中央全面推进中国特色大国外交，形成全方位、多层次、立体化的新格局。中国特色大国外交的理论内涵、实践价值与国际影响持续深化拓展，也对城市国际交往提出了更新、更高的要求。

（一）联动多层次对外交往主体

在国际交往的舞台上，各国中央政府虽然仍在发挥着主导性的作用，但也逐步呈现出向其他层次主体延伸的普遍趋势，表现为参与外交实践的行为体更加多元化，政党外交、民间外交、城市外交等概念纷纷出现。随着"全球地方化"或"国际本土化"（global localization）的深入发展，城市和地方政府正在成为全球政治、经济和社会活动的重要参与方，中国主要大城市下辖区县较多，为城市国际交往提供了丰沛多元的资源要素。① 我国高度重视地方和城市的重要性，大力倡导"大外交"理念，构建全方位、多层次、一体化的中国特色大国外交布局，推动"全民外交""全域外交"，充分激发城市在推动对外交往合作、促进地方改革发展中的角色功能。在国家总体外交框架下，包括省、市、区（县）在内的地方外事协同发力，形成上下贯通、一体联动的对外工作体系。同时，城市在开展对外交往时并不是以一个单一的主体面貌出现，具有全球视野的城市管理者会整合各方资源，以城市政府主导，积极促进政府与民间机构之间的通力合作，调动学校、媒体、企业、智库、民间团体乃至个人的积极

---

① 王冲：《新时代中国特色大国外交应发挥地方积极性》，见《中国社会科学报》2020 年 4 月 28 日。

性，构建从上至下一体贯通的多层次社交网络，汇聚更强的城市交往合力。

（二）覆盖全方位对外交往对象

人民友好是促进世界和平与发展的基础力量，是实现合作共赢的基本前提。[①] 习近平总书记强调，民间外交是增进人民友谊、促进国家关系发展的基础性工作，是国家总体外交的重要组成部分。国际交往面向的对象涵盖国外的各类人群，既包括与外国政府、官方机构、城市管理者之间的高层对话，也包括与企业、媒体、智库、民间组织乃至个人之间的广泛交流。这要求我国必须广交朋友、广结良缘，重视各种类型的目标对象在国际交往中的平等价值。城市的国际交往一方面仍在中央政府的指导下制定总体原则方针，另一方面也能够将交往对象扩展至政商领袖、专家学者、青少年、海外华侨华人等更多国际社会主体，并能够根据不同对象的特点谋划更有针对性的交往策略，提高对外交流合作的精准效果。全覆盖的交往对象范围可以更直接、更广泛地对接国际社会、传递中国声音，积极了解并回应多样化的海外受众需求，以情感互动触发价值互通，为加深人民友谊深耕细作，为促进国家关系铺路架桥，为推动国际合作穿针引线。

（三）延展立体式对外交往内涵

由于新时代外交主体和对象的延展，国际交往的内容内涵以及所关注的领域也呈现出拓宽与外溢，从既往的高政治领域逐步转向传统上被视为低政治领域的议题，例如企业关注的经济利益，社会组织及个人关注的社会发展、知识传播、文化交流、环境保护等，这些不断进入议事范畴，关注领域总体呈现分散化、精细化和多元化发展趋势。[②] 在传统外交框架

---

① 中共中央宣传部、中华人民共和国外交部：《习近平外交思想学习纲要》，人民出版社、学习出版社2021年版，第40页
② 于宏源：《全球民间外交实践与新时代中国民间外交发展探析》，载《当代世界》2019年第10期，第6页。

下，即便以文化交流为形式，其目标也更多是为了两国政治关系发展铺平道路。然而，当今参与交往行为的民间主体所关注的议题都能够在很大程度上被纳入外交议程。同理，城市层面的国际交往从起步期侧重政治性质的友好城市关系发展到现在涵盖地方经济、文化、科技、教育、社会治理等多领域的合作，尤其是在气候变化、金融危机、人工智能等诸多新议题的影响下，城市之间的交流合作也深入到人道主义救援、生态保护、新兴技术、公共卫生等全球治理的更广阔领域，城市国际交往的内涵与外延得到大大拓展。这也为我国的主要城市通过参加、组织以及主导国际议题，举办有利于世界公共福祉的类似活动来提升城市影响力形成了有益借鉴。

（四）创新多元化对外交往方式

习近平总书记强调，要推进外交工作改革创新，加强外交活动的策划设计，力求取得最好效果。在党的领导下，中国外交不断开创丰富多彩的新形式，政策手段、思路方法与交往形式亮点纷呈，展示中国特色大国新气象。元首外交全面引领我国对外工作全局，习近平总书记以多种形式同外国领导人及国际组织负责人进行深入沟通交流，有力促进新形势下我国同各方关系发展。① 与此同时，越来越多"官民并举"的国际交往新形式登上国际舞台，民间外交、公共外交迎来高度活跃的时期。例如召开多边交往会议既能够维护国家利益、满足经济社会发展需求，还能够推动各国共同应对全球问题、共享先进发展经验，为中国与国际的繁荣、安全和发展营造良好的沟通交流基础；举办中外经贸展会不仅是为了达成贸易合作成果，也开始着力突出国际交往平台功能；建立国际友好城市关系可以促进不同国家、不同城市人民之间的了解，加深友谊与信任度，为在各领域推进实质性的交流合作牵线搭桥；加强国际形象传播则是讲好中国故事、传播好中国声音的客观要求，有利于向世界集中展示中国式现代化道路的

---

① 杨洁篪：《深入学习贯彻习近平外交思想进一步开拓对外工作新局面》，见《人民日报》2022 年 5 月 16 日。

和平追求。城市的国际交往既体现地方资源特色，又肩负机制创新功能，搭建我国提升治理能力、分享先进经验的载体和窗口。

四、国际交往中心城市的内涵与特征

2014 年，习近平总书记视察北京时指出，北京要坚持和强化首都作为全国政治中心、文化中心、国际交往中心、科技创新中心的核心功能。2018 年 5 月，习近平总书记在中央外事工作委员会第一次会议中强调，地方外事工作是党和国家对外工作的重要组成部分，对推动对外交往合作、促进地方改革发展具有重要意义。在新的时代背景下，"国际交往中心城市"这一概念应运而生。国际交往中心城市是指国际交往资源密集、国际交往活动集中、国际交往实力雄厚、国际交往范围广阔，从而在国内及全球价值网络和城市体系中占据领导和支配地位的城市，是商贸中心、会议中心、文化中心、交通中心、信息中心和服务中心等的融合体。国际交往中心是城市发展的高级形态，借由城市交往的灵活优势，积极发挥服务国家、集聚要素、链接全球、辐射区域的重要作用。

（一）以城市为定位服务国家战略

国际交往中心城市是国际政治网络的重要参与者，承上启下地对国家外交政策进行上传下达，服务国家战略大局是国际交往中心城市的根本目标。在国内维度，国际交往中心城市往往是首都、省会或地区首府等，是中央或地方政府机构、外国驻华使领馆及国际组织办事机构所在地，是一国政治功能的集中代表。从国际维度来看，国际交往中心城市是促进各国政策沟通的联系纽带，通过吸引世界各国政治领袖、外交官和国际组织代表前来交流，奠定国际化的城市运行规则，成为全球治理体系的重要参与者，拥有较强的国际政治话语权。在国际交往中心城市中产生的理念、决策和变革等不仅会对地区和国家产生影响，也会对国际社会产生影响。因此，国际交往中心城市也是政策创新的实验场，是当代国际化城市治理的示范样本，除了服务国家和满足地方自身的发展需求，更进一步地可以成为地方治理合作机制建设和联合行动的倡导者和发起人，以中国式现代化的城市案例为世界各国城市提供经验借鉴。

（二）以中心为功能集聚交往要素

国际交往中心城市承担经济、金融、贸易、文化和航运等重要中心定位，坐拥区域范围内最优质的经济政策、财政金融、科技创新、高等教育等资源，汇聚国际机构、设施、活动、人才、资金、商品、信息等各类交往要素，在对外交往和资源配置中具有举足轻重的地位。国际交往中心城市通过其广泛的市场资源和完善的交通设施集散各类有形商品和无形要素，深度融入全球生产链、价值链和信息链，与其他各类经济主体之间产生密切联系和往来，对跨国界、跨地区的资源要素和生产活动形成优化配置和合理利用。国际交往中心城市拥有频繁密集的跨国人员流动，由此产生多样的国际交流活动，同时作为企业和园区的集聚中心，具备资本、技术、市场和劳动力等生产要素国际匹配和相互对接的服务功能，成为国际资源要素汇聚和流动的主通道。国际交往中心城市通过密集举办国际高端会议会展，搭建国际科技创新合作载体，建立本地固定交流品牌，吸引大批前沿项目及国际人才扎根落户。高端资源要素源源不断地流入国际交往中心城市，并通过综合性的聚集互动提升生产效率、提高综合竞争力，在高质量、可持续的国际交往中构建各类要素集聚和流通的正向循环。

（三）以国际为范围链接全球网络

城市在国家、企业和民间等各方链接中扮演着"中观角色"，是各国、各地区竞争的主体所在。[①] 国际交往中心城市的资源配置能力跨越国界范围，因此能够成为链接全球的主要节点，在世界经济体系中有较高的

---

① 刘波：《我国城市参与共建"一带一路"的路径研究》，载《城市观察》2023年第2期，第6—13页。

参与度。国际交往中心城市是展现一个国家先进生产力和文明程度的代表性城市，是全球城市网络体系中占据领先地位和具有节点作用的城市，在抽象层面和客观层面均承担枢纽功能，发挥与全球网络中其他城市、通道、口岸、基地等节点相连接的作用。国际交往中心必然是连接五洲、通达八方的国际综合交通枢纽，在地理位置上具有"十字路口"的战略价值，通过建设国际水准的航空机场、流量巨大的航运港口与发达的铁路、公路运输等基础设施，形成海陆空各类交通方式的集成转换中心，连接全球各个区域板块的交通运输网络，实现人流、物流、资金流的互联互通。国际交往中心城市链接全球的方式不仅有交通网络，还包括资本、市场、信息等各种网络中的匹配与服务功能，城市连接的网络种类越多，其节点功能价值越高、战略枢纽意义越大。通过加强新型基础设施建设，包括信息基础设施、支撑传统基础设施转型升级的融合基础设施、支撑科学研究和技术开发的创新基础设施等，国际交往中心城市成为现代化、智能化的国际信息枢纽，为城市转型升级提供强有力的信息技术支撑。

（四）以交往为特色辐射区域发展

城市对外开放的程度与城市的能级或竞争力直接相关。[①] 国际交往中心城市是在国家政策、区域战略和市场力量等多种因素综合作用下，形成的具有"核心性"与"辐射性"的开放型都市，是一个国家或地区外向型发展的增长极。国际交往中心城市可以广泛发挥向腹地辐射扩散、带动发展的作用，从而对全国或区域内其他城市产生明显的引领带动作用。国际交往中心城市以交往功能为抓手，赋能区域全面发展，呈现出"交往＋经贸、科技、商务、文化、教育、农业"等灵活组合，实现信息共享、渠道共用，建成立足本地、引领地区、辐射全国、影响全球的综合中心。对内，国际交往中心城市利用区域中心地位，密切与区域内和区域间

---

① 朱云杰、于宏源：《城市全球化赛道视域下的上海对外交往能级建设》，载《城市观察》2023 年第 2 期，第 14－27 页。

19

城市的相互联系，带动周边城市群、都市圈发展，并在推进国际交往的过程中，传播管理经验、思想观念、思维方式、生活方式等，促进区域整体向现代化方向迭代。对外，国际交往中心城市互动和辐射的区域范围尺度不仅仅局限于国家，还可跨越国界、洲际乃至覆盖全球，在推动世界范围内的国际交流活动中担负起门户枢纽的角色，代表其他城市融入全球网络体系，参与国际分工合作和竞争，为整个国家对外开放合作提供重要支撑和保障。[①]

五、国际交往中心城市的核心内容

围绕国际交往中心建设的背景理论，结合中国城市国际化发展实际，可将国际交往中心城市的核心内容概括为：在中国特色大国外交理论的指引下，中心城市通过举办高层次国际会议、参与宽领域国际组织、结交立体化友好城市、开展多形式人文交流、推进全方位形象传播与提供高质量配套服务，为搭建国际交往平台、链接国际交往网络、拓展国际交往伙伴、丰富国际交往内容、塑造国际交往品牌、营造国际交往环境，提升城市国际影响力和竞争力做出重要贡献。

（一）高层次国际会议搭建国际交往平台

国际会议是国际交流合作的重要平台，其中高端国际会议又是集聚全球顶级资源的体现，能够在短时间内为举办主体带来大量的发展机遇。国际会议的定义一般是指数国代表为解决互相关心的国际问题、协调彼此利益，按照一系列的原则和程序规则，在共同讨论的基础上寻求或采取共同

---

① 郭震洪、李云娥：《从增长极理论探讨中心经济城市在区域经济中的作用》，载《山东社会科学》2006 年第 8 期，第 68－70 页。

行动（如通过决议、达成协议等）而举行的多边集会。①作为一种国际交流平台，国际会议能够为世界各国政要、各领域精英提供集中交流的机会和场合，促进先进思想碰撞，产生重大交流效果，对于提升一个国家、地区及主办城市的国际影响力具有重要作用。在各类国际会议中，高端国际会议是层次最高、影响力最大的形式，通过全球性、国际性的主题设计、活动组织和人员参与，能够在国际范围内产生凝聚共识、导向性强的会议成果，代表着全球会议业的最高水平。

从国际交往的角度来考察国际会议，可以看到其具有国际交往平台的先天优势：一是各国领导人、国际组织领袖出席的重大国际会议具有多边外交性质，能够对国际共同关注的政策和议题进行顶层谋划并施加重要影响；二是作为高层次会议东道主的主办国家，可以主动开展密集的"集束式"国际交往互动，促进与各方的交流与务实合作，发挥"主场外交"作用②；三是在参与和举办国际会议的全流程中，国际组织、外国政府、国际企业机构和知名人士等各方资源有机会建立广泛的联系网络；四是在某特定国家、地区或城市固定举办的会议可以不受轮流的条件限制，能够为本地打造持续性、机制化的国际交流平台；五是国际会议本身作为一种产业，能够促进各类资本集聚并带动其他相关产业、设施和服务发展，在推动经济结构优化升级、促进高质量可持续发展中发挥重要作用。

从现实特征来看，国际会议一般具有参与人员层次高、讨论议题内容

---

① 目前国内外对高端国际会议的认定尚未有公认的统一标准，例如国际大会及会议协会（International Congress & Convention Association，简称 ICCA）认为国际会议应满足"固定性会议、在至少 3 个国家轮流举行、与会人数至少在 50 人以上"等要求，国际协会联盟（Union of International Associations，简称 UIA）认为国际会议应满足"在至少 5 个国家以上轮流举行、与会人数在 300 人以上、国外人士占与会人数 40% 以上、会期 3 天以上"等要求。根据现实情况来看，ICCA、UIA 等机构对国际会议给出的判断标准未包含政府类会议，并将某一国家或地区固定举办的品牌性会议等排除在外，因此具有一定的局限性。

② 陈东晓：《中国的"主场外交"：机遇、挑战和任务》，载《国际问题研究》2014 年第 5 期，第 4 – 16 页。

新、社会关注范围广、带动辐射能力强等主要特征。作为知识密集、智力密集、信息密集的平台，国际会议能够在短时间内汇聚多界别、多学科高精尖人物进行思想碰撞和信息交流，是政府决策者、行业精英和管理者集中、快速获取相关领域最新动态信息和观测未来发展趋势的窗口，可以称作是经济社会发展的"风向标"。国际会议的成果和结论能够在较高程度上反映国家意志、行业意愿和前沿风向，会后一般会生成或转化为相关领域的权威意见或具体行动，甚至会影响到世界对重大问题的研判和决策。根据会议举办主体的性质和层次，结合中国城市的举办基础和操作空间，高层次国际会议可细分为政府间高层会议、权威国际机构或行业协会会议、高端论坛、国际博览会的配套会议等不同类型。

（二）宽领域国际组织链接国际交往网络

随着全球化的不断发展，城市及地方政府与国际组织之间的关系不断深入发展，构成了全球治理体系中的重要组成部分。国际组织是一个庞大的概念，各种层次和类型的国际组织为世界构筑起立体交流、广泛对话的舞台。国际组织的概念有广义和狭义之分，广义的国际组织包括政府间国际组织和非政府间国际组织，政府间国际组织是指若干国家为了特定目的以条约为依据建立起来的一种常设组织[①]，非政府间国际组织则包括两国以上的民间团体、个人等主体以一定协议形式而创设的各种机构。[②] 理解国际组织的概念内涵，主要需要考量几个要素：一是国际组织是由两个或两个以上的国际行为体发起成立的非国家行为体，不具有居民、领土等固定的物质载体和国家主权，而其活动不受传统国界的限制，可以遍布全球各地。二是国际组织的设立具有特定目的和宗旨，例如和平调节国家间争端、减少国际冲突和战争、集体防御外部侵略、促进地区或全球经济合作

---

① 刘金质、梁守德等：《国际政治大词典》，中国社会科学出版社 1994 年版。

② 饶戈平：《国际组织法》，北京大学出版社 2003 年版。

与社会发展等。[①] 三是国际组织以一定的协议文件作为正式存在的法律基础，其内容一般包括组织的宗旨、基本原则、成员范围、组织架构、活动或运作程序等。[②] 四是国际组织通常设置有总部及办事处等相对稳定的常设机构，以管理运营日常事务管理及统筹开展活动。

根据地域范围、关注议题和内容领域等的不同，可将国际组织划分为不同类型：从涉及的地理范围来看，可分为全球性国际组织和区域性国际组织。根据国际组织设立的主要宗旨和关注的议题领域，可分为一般性（综合性）国际组织和专门性（专题性）国际组织。根据国际组织的成员性质划分，又可将国际组织分为国家间国际组织、地方政府间国际组织与国际性非政府组织等。其中，国家间国际组织仅限于主权国家参与，地方政府国际组织成员包括省、州、市乃至县区等，国际非政府组织则可能吸纳企业、商协会、高校与学术机构、民间组织或社会团体、个人等作为会员，成员类型及来源更为多元。

随着全球化不断推进，城市和地方政府在国际组织中的角色日益活跃，一批由不同国家的地方政府联合成立、旨在为城市和相关地区搭建联系合作网络的国际组织逐渐兴起。例如，世界城市和地方政府联盟（The World Organisation of United Cities and Local Governments，UCLG）又称世界城市和地方政府联合组织（以下简称"世界城地组织"），是地方政府国际联盟、联合城镇组织与世界大都市协会这三个组织于 2004 年 5 月合并成立的国际机构，旨在通过构建全球地方政府之间的联系网络，增进理解、促进合作，帮助地方政府应对全球化和城市化过程带来的挑战。世界城地组织目前在 140 个国家拥有会员，其中直接城市会员 1000 余个、全国性地方政府协会会员 112 个，是全球最大的城市和地方政府国际组织，影响力极为广泛，被誉为"地方政府联合国"。城市国际组织还有多种层

---

① ［美］西奥多·A. 哥伦比斯、［美］杰姆斯·H. 沃尔夫：《权力与正义》，华夏出版社 1990 年版。

② 张丽华：《国际组织概论》，科学出版社 2015 年版。

次和类型，例如限定于特定地区的加拿大省会城市组织（Canadian Capital Cities Organization，CCCO）、阿拉伯城市联盟（Arab Cities Organisation，ACO），关注特定行业领域的亚太城市旅游振兴机构（Tourism Promotion Organization for Asia-Pacific Cities，TPO）、世界城市文化论坛（World Cities Culture Forum，WCCF）等，这些组织为全球城市和地方政府搭建了极为丰富、立体的跨国网络。城市参与国际组织的方式和渠道主要包括加入国际组织，参与国际组织活动与事务，与国际组织合作举办国际性活动，吸引国际组织总部或代表处落户，发起成立国际组织等等。由于参与门槛和活动水平的不同，对提升城市在国际组织内地位与影响力的程度也有较大差别。

（三）机制化友好城市拓展国际交往伙伴

国际友好城市（International Friendship Cities）指来自不同国家的城市基于相互理解对方社会文化或增进经贸联系的需要，以维护世界和平、增进相互友谊、促进共同发展为目的，在签署合作协议书后，积极开展在政治、经济、科技、教育、文化、卫生、体育、环保等各个领域交流合作，是一种跨越国界的、相对正式和固定的国际友好关系。不同国家对于友好城市关系有着不同的称谓，例如欧洲国家多使用"双胞城市"（Twin Cities）、"伙伴城市"（Partnerstadt）等，美国和亚太地区一些国家常用"姐妹城市"（Sister Cities），俄罗斯使用"兄弟城市"（Brother Cities），港澳台地区也有使用"姊妹城市"这一名称等。尽管表述不同，但其内涵、定义与特征都是相似的，都有着共同服务于促进城市国际友好往来这一根本目的。1973 年我国与日本缔结第一对友城关系时，周恩来总理倡议将这种关系定名为"友好城市"，以体现城市不分大小、平等相待的精神。①

由于国际友好城市关系建立在法律协议和契约的基础上，各种互动交

---

① 李小林：《城市外交：理论与实践》，社会科学文献出版社 2016 年版。

流均在城市和地方政府的统一规划和机制框架下来运作实施，因此一般较为长期稳定。在友城合作框架下，双方友好往来的实施主体涵盖政府、行业机构、企业和民间个人等各个层级，能够全方位增进中外城市之间的友谊，配合国家外交需要，同时促进地方发展。目前除了由中国人民对外友好协会统一管理、签署正式结好协议的友好城市外，各地也发展出相对自由、灵活的"友好交流合作城市""友好合作关系城市"等关系，这类友城结交的地方自主性较强，在具体交往活动中有更大的弹性空间。此外，还有友好省州、友好乡镇、友好城区、友好街道等不同层级，以及友好港口、友好学校、友好图书馆甚至友好景区等友好单位，共同构成了中外友好往来的立体网络。

自 1973 年中国天津市与日本神户市结成第一对国际友好城市起，我国友好城市结交步伐不断加快。特别是自改革开放以来，中国各城市综合实力迅速增强，友城事业也取得了飞速发展。截至 2024 年 3 月，我国有 31 个省、自治区、直辖市（不包括台湾省及港、澳特别行政区）和 536 个城市与五大洲 145 个国家的 592 个省（州、县、大区、道等）和 1841 个城市建立了 2996 对友好城市（省州）关系。[①] 我国友城结交也逐渐从重视增加数量向重视提高质量方向发展，形成了中国国际友好城市大会、中美省长论坛、金砖国家友好城市暨地方政府合作论坛等固定交流机制，各省、市、区与外国城市之间开展了大量的友好交往活动，书写了不曾间断的民间情谊。

（四）多形式人文交流丰富国际交往内容

国家间的友好关系既要有经济、政治等领域的硬支撑，也离不开文化交流的"软助力"。国际交往的本质在于通过交流达成理解与共识，进而推动实质性合作，人文交流对于促进中外友好往来、塑造良好的外部环境

---

① 数据来源：中国人民对外友好协会，https：//www.cpaffc.org.cn/index/friend_city/index/lang/。

具有无法替代的重要作用。作为指导我国开展中外人文交流工作的指导性文件，2017年12月正式印发的《关于加强和改进中外人文交流工作的若干意见》中明确提出中外人文交流是党和国家对外工作的重要组成部分，是夯实中外关系社会民意基础、提高我国对外开放水平的重要途径。人文交流合作的概念极为广泛，涉及与人的精神文化生活密切相关的方方面面。中外人文交流与物质资料的交换相对应，可包括文化资源、文化产品、文化机构、文化人员等的交流，是各国文明繁荣发展的重要途径。我国始终高度重视开展人文交流合作的意义和作用，将其作为推进"一带一路"民心相通、增强国家文化软实力的有力抓手，不断加以重点推进。

由于文化具有较强的历史性、地域性和民族性等特征，不同民族和文化背景的国家及地区往往会由于彼此之间的文化差异，例如语言、思维方式、风俗习惯、宗教信仰、沟通方式等方面的鸿沟，产生观念、认知和利益上的冲突，甚至影响国际关系健康发展。化解国际矛盾与冲突必然需要加强不同文化之间的相互沟通与理解。相较于其他外交形式而言，文化交流具有的灵活、弹性和柔性使其能够天然面向更广泛、多元的受众，也更容易被外部公众所接受。有效的人文交流合作不是任何一方对自身文化的单向展示，而是交流各方产生的跨文化对话乃至共鸣。特别是当今世界全球化与各种本土文化保护主义产生摩擦对撞，各国均应以繁荣健康发展为目标，以各种类型的人文交流与合作为主要手段，提升文明包容性和多样性，大力促进中外文明交流互鉴。

基于人文交流合作的丰富内涵，城市和地方政府主要从文化、旅游、体育、教育、学术等领域开展各式各样的交流活动，实现面向各种层次群体、各类国际受众的交流往来，一方面以人文活动为载体集中凝练城市的精神内核与文化气质，另一方面也反过来促进城市的国际交往功能不断向外拓展延伸。其中，举办文化活动是城市开展对外文化交流最为常见的形式之一，例如"一带一路"沿线节点城市设立的各类丝绸之路文化节展，不同城市面向国外友好城市开展的友城文艺展演，各地面向海外青少年设计的文化体验夏令营，等等，既能体现地域性文化特点，又能向世界充分展示中国文化的博大精深与丰富多彩。

（五）全方位形象传播塑造国际交往品牌

党的二十大报告提出："坚守中华文化立场，提炼展示中华文明的精神标识和文化精髓，加快构建中国话语和中国叙事体系，讲好中国故事、传播好中国声音，展现可信、可爱、可敬的中国形象。加强国际传播能力建设，全面提升国际传播效能，形成同我国综合国力和国际地位相匹配的国际话语权。"不同于一般性的对外交往活动，国际形象的传播与塑造更多涉及城市顶层设计的部分，并以此为前提确定具体传播形式。城市形象是一座城市内在历史底蕴和外在特征的综合表现，是城市总体的特征和风格，也是社会公众对某个城市的认知或印象的总和。良好的城市形象是城市的无形资产，是城市软实力的重要组成部分，反过来也对城市的经济社会发展具有巨大的促进作用。

城市形象这一概念最初是由美国城市社会学家凯文·林奇在《城市意象》中提出的。他强调，在客观的物质性条件之外，城市形象与公众对一个城市的主观感受、印象密切相关。后续的研究一般都认为城市形象是一种"主观层面的认知"，"通过语言、大众媒体、个人经历、记忆和环境等共同作用而形成"。[①] 城市形象包括城市的自然景观、政府功能、社会治理、经济发展、文化习俗、市容市貌以及市民精神等各种要素，从结构上又可以分为理念形象、行为形象和视觉形象等部分。[②] 当今，无论国内国外的城市都在努力打造符合社会主流价值观、具有独特性与辨识度的城市形象，以开展各项活动为载体，给传播受众或亲历者留下深刻鲜明

---

① 郭可：《全球城市形象传播的生成机制及理论阐释》，载《新闻大学》2018年第6期。

② 陈柳钦：《城市形象的内涵、定位及其有效传播》，载《湖南城市学院学报》2011年第1期。

的良好印象。

城市形象塑造是对城市进行物质和精神双重塑造的过程，是对城市内在本质和外在特征进行深入挖掘、高度提炼，从而进行识别化的过程。[①] 同时，城市形象的塑造也离不开有效的传播，并且只有通过传播才能释放城市形象的价值。因此，城市形象传播是以政府、企业、市民等在内的城市建设参与者为传播主体，利用各种方式与受众进行的互动交流过程，目的是使公众对该城市的个性与内涵形成具体感知和总体看法。[②] 开展城市形象传播，首先要厘清能够作为城市"名片"的特质和基础资源。在此基础上，我国各地也通过借助大型国际化活动、打造外宣产品以及把握住塑造"网红城市"的新趋势，多角度提炼和传递城市精神气质。城市形象传播的目的不仅是提高在国际社会的知晓度和好感度，更要提高重点受众对城市形象、特色及精神的认同与关注，促进国际传播受众向交往对象的转化，成为城市在国际社会上的"传声者"，为进一步发展营造良好有利的外部环境。

（六）高质量配套服务营造国际交往环境

在全球化深入发展的进程中，国内外城市之间的竞争早已超越单纯的地理区位优势或资源优势竞争，正在朝着软硬件环境的综合竞争力迈进。一个城市能够吸收来自国际其他区域资源的速度和效率，即将国际化与本地化顺畅结合的能力显得越发重要，在很大程度上取决于城市的开放包容程度与配套支撑水平，尤其是以国际人士为主要对象的国际化环境。越来越多的城市不仅制定了积极的招才引智政策，用来塑造国际化营商环境，还愈发注重面向国内外居民提供良好服务。国际化环境是一种包含社会生活各领域在内的综合生态，与地理条件、资源条件、基础设施、资金支持

---

① 刘芬、于志涛：《城市形象传播误区与辩证理念的创新》，载《长春师范学院学报（自然科学版）》2006年第1期。

② 苏永华：《城市形象传播理论与实践》，浙江大学出版社2013年版。

等"硬环境"相对,涉及政府行政水平、公共政策体系、创新创业载体、社会法治环境、城市文化氛围、社会思想观念等各种软性因素。

以中外居民为共同对象的国际化服务是一项关系全局的系统性工程,要求各部门协同发力、共同提升。政策是影响国际人士进行居留、工作与创业决策的关键因素,国际交往环境涉及的内容首先就是关乎国际人士能否顺畅来华及在华居留的政务服务。政务服务是由政府提供、面向外籍人士和本国公民的各类行政服务,主要包括涉及外籍人员的出入境签证、工作许可、停居留许可等行政审批事务。各级政府部门的国际化服务窗口、"一站式"国际化服务机构、政府网络办事平台等政务服务平台建设,便捷、高效的服务流程以及简明友好的政务服务方式等也是政务服务的重要组成部分。与此同时,国际交往中心城市也要具备规范的多语言服务环境,为国际人士在此生活实现无障碍沟通和顺利交流提供完备的信息服务。

国际交往中心城市吸引来自不同国家与地区的人员集聚,是本土公民与外籍人士一起居住生活的场所,也是多国籍人员集中开展交往的社会共同体。居民拥有的不同语言、文化认知、价值观念、思维方式、生活习俗、宗教信仰等背景存在很强的异质性,丰富多彩的文化相互交互、交织、交融,使得城市治理的复杂性空前提高。因此,国际交往中心城市也应在国际人士聚集的区域建设优质的国际化社区,打造包容性强的人文氛围与高品质的宜居环境,构建友好、开放、多元的市民文化,让各类人群和谐共存。同时在生命健康、公共教育、金融服务等方面不断提升公共服务国际化水平,为中外居民提供集成式服务保障,进而从整体上提升城市软实力和吸引力。

总体而言,"国际交往中心"这一概念受到学界关注不足 10 年的时间,且更多以政策性话语的形式出现,相较于"全球城市""城市外交"等概念具有更强的中国特色和现实取向。有关国际交往中心的专门研究较为缺乏,且目前较为集中于北京等个别城市的国际交往中心建设实践总结，对于其他一般性城市打造国际交往中心的参考价值较弱。综上所述，关于国际交往中心城市的理论研究仍需持续探索，从而实现对中国特色大国外交理论和城市发展理论的不断深化、拓展与创新。

第二章

广州建设国际交往中心城市的基础优势

2023年4月7日，习近平主席在广州同法国总统马克龙举行非正式会晤时指出，了解今天的中国，要从了解中国的历史开始。广州是中国民主革命的策源地和中国改革开放的排头兵。1000多年前，广州就是海上丝绸之路的一个起点。100多年前，就是在这里打开了近现代中国进步的大门。40多年前，这里首先蹚出来一条经济特区建设之路。现在，广州正在积极推进粤港澳大湾区建设，继续在高质量发展方面发挥"领头羊"和"火车头"的作用。广州拥有悠久的对外交往历史，始终屹立在全面深化改革潮头，将自身发展定位和战略谋划置于国家对外开放大局中，自觉肩负起时代赋予的重大责任和使命。近年来，广州统筹推进"五位一体"总体布局，协调推进"四个全面"战略布局，全面贯彻新发展理念，经济实力领先全国，营商环境出新出彩，科技创新深度合作，人脉联系广布全球，基础设施明显改善，国际评价稳步提升，城市综合竞争力、辐射带动力、国际影响力显著增强。广州努力把历史优势、区位优势转化为开放优势、合作优势，在构建对外开放新格局的新征程上担当排头兵，走出了一条独具特色、成绩斐然的高质量发展路径，为建设国际交往中心城市打造了良好的现实条件与基础环境。

一、传统开放门户的历史优势

作为海上丝绸之路的重要始发港之一，广州一直是我国对外开放最重要的窗口之一，始终肩负着国家对外通商的重要责任，发挥着国际知名东方大港的作用，践行"千年商都"的使命。尤其是在改革开放以来，广州始终走在全国最前沿，积淀形成开放包容的城市特质，为建设国际交往中心奠定了扎实稳固的良好基础。

（一）"千年商都"名片经久不衰

广州是我国通往世界的"南大门"，两千多年来一直是中国对外贸易的重要门户。独特的地理位置使广州成为中国古代对外贸易和文化交流的海上丝绸之路的重要起点，也为广州打响了长盛不衰的"千年商都"招牌，使其历史注定与发达的商贸业联系在一起。

作为中国最早的对外通商口岸，广州在秦汉时期就开启了海上贸易。西汉时期，广州的航运业和造船业比较发达，已经形成初具雏形的港口城市，汉武帝平南越后便派使者沿着民间开辟的航线开展了中国历史上第一次远洋航行的贸易活动，从广州出发经过东南亚抵达锡兰（现在的斯里兰卡）后返航，打开了与东南亚和南亚各国进行贸易通商的通道，标志着海上丝绸之路的发端。广州（番禺）成为当时全国主要经济都会之一，以"珠玑、犀、玳瑁、果、布之凑"而闻名。

《晋书·庾翼传》中记载，三国时期"时东土多赋役，百姓乃从海道入广州"，南海新航路的开辟推动广东沿海区域迅速繁荣，广州崛起成为岭南地区最大的对外贸易中心。随着魏晋南北朝时期造船技术进一步提高，广州也凭借发达的海运逐渐扩大对外贸易范围，西至印度和欧洲地区，发展成为当时的东方国际贸易中心。据《佛国记》描述的著名"丝路航线"为印度—马六甲海峡、爪哇海—南海—广州。通过广州来中国经商的不同国家和地区数量大大增加，来自波斯、天竺和扶南（中南半岛古国）等地的船舶"望之如阁道，载六七百人，物出万斛"，确立了广州作为南海和海上丝绸之路的主港地位。

隋唐时期，广州已经成为全国第一大贸易港和国际化的商业城市，具有"雄蕃夷之宝货，冠吴越之繁华"的经济实力。当时官方施行开放政策，允许私人出海，大力鼓励外国人来中国进行贸易，并在广州设立市舶使专管外贸事务，海上丝绸之路达到繁荣，出口商品品种显著增加，仅传统的丝织品就有绫、罗、绸、缎、锦、绮、纱、绢、纶、缣、帛等，种类繁多。同时，瓷器作为唐代大宗的出口商品，江西景德镇出产的瓷器多运至广州再出口，广州因而成为陶瓷出口的主要集散地。著名的"广州通海夷道"从广州启航，越过南海、印度洋、波斯湾、东非和欧洲，途经100多个国家和地区，全长共14000千米，是当时世界上最长的国际航线。这条航线将中国与阿拉伯帝国连接在一起，据史料记载，仅唐代每年到达广州的阿拉伯商船就有4000多艘，不少来自西亚乃至非洲的"蕃商"甚至在此定居。美国汉学家薛爱华（Edward Hetzel Schafer）称："南方所有的城市以及外国人聚居的所有的乡镇，没有一处比广州巨大的海港更加繁荣的地方。"① 唐王朝还特别建立了"蕃坊"供来广州的外国人居住，而在广州阿拉伯商人高度集中的地方，唐朝政府也准许其自治。

宋代专设"广州市舶司"，这是我国第一个"海关"，而宋元时期陆上丝绸之路受阻使得广州作为海上丝绸之路的贸易门户地位更加突出。海运的外码头有扶胥（位于今广州市黄埔区庙头村）和屯门（位于今香港西北处）两大古港，内码头有光塔和兰湖里，是"蕃舶凑集之所，宝货丛聚"，海上丝绸之路发展进入鼎盛阶段。一方面，政府不断颁布和修订海外贸易管理措施，其中，神宗时颁布了中国历史上第一部海洋贸易管理条例——《广州市舶条》，并在元朝时进一步修订和完善，规范了广州海

---

① 李庆新：《历史视野下的广东与21世纪"海上丝绸之路"》，载海南省社会科学界联合会、广东省社会科学界联合会《海上丝绸之路建设与琼粤两省合作发展——第三届中国（海南·广东）改革创新论坛论文集》，南方出版社2014年版。

上贸易。另一方面，分组派遣政府官员出使东南亚、南亚各国并赐诏书，以邀请外国商人前来贸易。宋朝开展的对外贸易达到巅峰，1987 年在现广东阳江水域发现的南宋沉船——"南海一号"是迄今全世界发现的海上沉船中年代最早、船体最大、保存最完整的远洋贸易商船。宋代进口的商品以香药和其他奢侈品为主，这是宋朝的法定进口商品，也是广州同亚非各国相互交易的商品。

元代打通陆上和海上丝绸之路，是中国历史上开放对外口岸最多的朝代之一。根据《元史·食货志》记载，朝廷先后在广州、泉州、杭州、庆元（今浙江宁波）、温州、澉浦（今浙江海盐）和上海等七处建立市舶司，且实行"官本船"办法。尽管全国外贸中心一度转移到泉州，但广州仍不失为"蕃舶凑集之所，宝货丛聚"的重要贸易港口，且对外贸易的广度和深度上都有进一步发展。元代的出口商品主要以手工业品和农副产品为主，而从广州进口的"舶货"则更加繁多，分为宝物、布匹、香货、药物、诸木、皮货、牛蹄角、杂物八大类共 250 多种。[①]

明清两代一度实行海禁政策，中国的对外海上贸易几乎陷入停顿状态。康熙二十三年（1684）宣布解禁，次年在广州、明州（今浙江宁波）、泉州和上海分别设置粤、浙、闽、江等四个海关，成为中国海关制度的开端。乾隆二十二年（1757）仅保留粤海关一口对外通商，广州成为中国海上丝绸之路唯一对外开放的贸易大港。此后的百余年间，十三行的发展也达到了巅峰，凡是外商购买茶叶、生丝、布匹、瓷器等国货或销售洋货进入内地都必须经过它，向清政府贡献了 40% 的关税收入，成为名副其实的"天子南库"。随着对外贸易的不断加深，欧洲国家掀起了一股"中国风"，中国的茶叶、生丝、布匹、瓷器等借助资本主义初始积累时的海上贸易航道风靡了整个欧洲，来到广州设立商馆的国家也越来越多。最盛期从广州启航的海上丝绸之路的航线增加到 7 条，可以从广州抵达世界七大洲共 160 多个国家和地区，每年航至广州进行贸易的外国商船

---

① 资料来源：广州市地方志馆。

达到5000多艘，平均每天60余艘，广州海上丝绸之路形成空前的全球性大循环贸易。大航海时代瑞典的著名远洋商船"哥德堡号"共有三次广州贸易之行，第三次从中国返回瑞典时意外搁浅，打捞上来的部分瓷器价值竟抵得上整趟航行的成本，中国、广州成为"机遇"的代名词。

在两千多年的发展历程中，广州从公元3世纪的海上丝绸之路出发，及至中国第一大港、世界著名贸易港口，再到全国唯一的对外通商口岸，广州在我国对外贸易中的门户地位屹立不倒，"千年商都"的美誉经久不衰，在东西方经济文化交流过程中发挥着无可替代的重要作用，为城市的开放包容奠定扎实根基。

（二）中外文化交融的历史名城

广州不仅是海上丝绸之路的发祥地，是中国自古以来重要的对外贸易窗口，也是近现代民主革命策源地、改革开放的前沿窗口，更是一座拥有两千多年历史的文化名城。从古到今，本土文化与外来文化在此发生密集碰撞和交融，广州以海纳百川的气度和脚踏实地的精神接纳一切优秀文化，形成了以红色文化、岭南文化、海丝文化、创新文化为代表的文化名片与开放、包容、务实、创新的城市气质。基于独特的地理环境和历史条件，岭南文化涵盖广府文化、客家文化、潮汕文化等不同内容，本身就是在多元的文化背景下孕育形成，历史上三次大规模移民南迁又形成了岭南地区南北融合的文化特征，其包容性、丰富性与厚重性决定了地域文化的融合贯通。广州作为岭南文化的中心地和广府文化的发展地，以农业文化和海洋文化为源头，不断吸纳融汇中原文化和西方文化，逐步形成兼容并蓄、博采众长的风格特点，成为"中学西渐"与"西学东渐"的交流窗口。

因得天独厚的地理优势和开放包容的社会氛围，广州成为中外思想交流碰撞、汇聚融合的集中地。美国传教士裨治文（Elijah Coleman Bridgman）著有《广州方言撮要》《广州市及其商业介绍》等书，并于1832年在广州创办英文报刊《中国丛报》，以大量篇幅对中国的历史、地理、时政、文学、农业、科技、文化等方方面面进行译介，包括中国人的性格特点、饮食习惯和烹饪方法等详细内容。该报不仅在广东发行，还远播至东南亚、美国、英国等地，成为当时外国人较为全面地了解中国的主要信息来源。1840 年，当时流行于西方社会的《伊索寓言》经英国人罗伯聃（Robert Thom）翻译成中文并在广州出版，书名改为《意拾喻言》，其成功之处不仅在于去除了英文原本的基督教色彩，还对一些用语和场景进行了广州化、本土化处理，且在民国初年经教育部审定作为教科书出版。中国人最早使用英语与外国人交流也起源于广州：十三行商人与西方客商打交道的过程中，自创出中英混杂、粤语注音的"广东英语"，甚至出了一本名为《鬼话》（Devils' Talk）的英语小册子，因简单通俗而广为百姓学习使用。尽管这种语言缺乏句法逻辑，但仅凭着几百个外语单词，广州十三行的通事和买办就与外国人做成了一笔笔生意，解决了一个个涉外难题。①

广州的宗教历史源远流长，佛教、道教、伊斯兰教在广州均有上千年历史，也是近代西方天主教和基督新教传入中国的第一站。汉朝元年佛教传入中国，东汉以后广东逐渐成为佛教海路东传、进入中国的主要通道。526 年，印度著名僧人达摩乘船来广州传教，他在广州上岸的地点被称为"西来初地"。此后，往返中国与天竺诸国的高僧越来越多，大大推动了佛教在中国的传播。唐代禅宗六祖慧能创立禅宗南派，其影响遍及东南亚、日本、朝鲜等地。广州是伊斯兰教传入中国最早的地区之一，唐宋时期信仰伊斯兰教的波斯商人、阿拉伯商人聚居广州，出现了中国最早的穆斯林群体，保留至今的怀圣寺光塔，相传为伊斯兰教创始人穆罕默德的门徒赛尔德·艾比·宛葛素倡建，是伊斯兰教传入中国后最早建立的清真寺。唐朝末期，由基督教君士坦丁堡主教聂斯脱利所创立的景教（东方亚述教会）已传入广州。16 世纪中叶，跟随葡萄牙商人而来的天主教耶

---

① 冷东、林瀚：《清代广州十三行与中西文化交流》，载《广东社会科学》2010
年第 2 期，第 113 – 120 页。

稣会会士也不断试探进入中国传教的路径。1581—1583 年，被誉为"西方汉学之父"的罗明坚（Michele Ruggieri）曾与利玛窦等其他传教士多次进入广州，并在广州把"天主十诫"翻译成中文，取名《祖传天主十诫》在肇庆出版，开创了耶稣会士在华刊书传教的先例。① 在广州传统中轴线上分布了五大宗教近十间重点寺观教堂，勾勒出宗教文化与广州历史相互交融的独特人文景观。

商贸往来的过程也催生了工业艺术的互学互鉴，由广州销往海外的广州彩瓷（简称"广彩"）、广州刺绣（简称"广绣"）、外销画、外销扇、外销银器等不仅是受到西方国家追捧的重要贸易商品，也成为中国历史上别具一格的对外艺术交流成果。广彩从 17 世纪开始便成为我国主要的外销瓷器，18 世纪末到 19 世纪初，广彩瓷器将中国传统绘画中的浅绛彩和新彩等技巧与欧洲基督教纹饰、西方神话纹饰、印度巴达维亚港等西方图式相结合，形成了个性化的纹饰风格和品牌影响力，成为中西艺术融合的典型见证。被誉为"中国给西方的礼物"的广绣不仅针对西方市场量身定制绣品，还在刺绣工艺中加入西方讲究的明暗阴影对照构图、远近大小透视比例等技法，形成有别于其他绣种的独特匠心。广州外销画以中国画的工笔画法融入欧洲精细描绘的艺术风格，以西方社会喜好的人物肖像、商港风景为素材，成功创造出融会中西风格、远销世界的绘画作品。18世纪的广州银器也通过引入西方银器的常用款式和生产信息等习惯而广受海外欢迎，美国人奥斯曼德·蒂芙尼（Osmond. Tiffany）在《中国广东》一书中提道："（银匠）用很短的时间就能按照西方商人的要求制作一定形状的器物。这里的银器十分精细出色，而且价格很低廉，其价值可以和欧洲同样的物品媲美。"②

---

① 张西平：《西方汉学的奠基人罗明坚》，载《历史研究》2001 年第 3 期，第 101 – 115 页；王申：《晚明西方传教士学术传教的策略与实践——以高一志为中心的考察》，载《首都师范大学学报（社会科学版）》2017 年第 2 期，第 15 – 22 页。

② 刘斌：《清代广州外销银器的发展阶段及特点》，载《中国港口》2018 年第 A02 期，第 10 – 17 页。

建筑是历史的见证，广州的多处历史建筑成为中外文化在此交汇的证明。明清之际，广州地区就已经出现了小礼拜堂等小型西式建筑。1871年，一位美国记者在《纽约时报》上写下他在广州的见闻："宽阔的珠江、清式和西式的阁楼、宝塔、博物馆、清真寺、大厦、仓库、商铺等等，这些建筑物……毫不间断地紧紧挨在一起。远处可见英国领事馆的小教堂，上面有钟楼和高高的十字架。"建于明代万历至天启年间的广州赤岗塔和琶洲塔均是建在江边的航标建筑，两座塔塔基均雕有西方人形象的托塔力士，不仅是受西方文化影响而出现的产物，还是广州对外贸易与交通的见证。① 坐落于现海珠区同福中路与南华中路之间的海幢寺，是乾隆末年第一个向外国人开放的佛寺，准予停居十三行商馆区的西方人定期到此旅游参谒，成为西方人口中"中国南方最著名的寺庙"。自 18 世纪末至 19 世纪末，海幢寺成为西方人了解中国佛教的重要窗口。位于越秀区一德路的石室圣心大教堂始建于 1863 年，是国内现存最宏伟的双尖塔哥特式建筑之一，也是全球四座全石结构哥特式教堂建筑之一。石室圣心大教堂由法国设计师设计、中国工匠建造，当时罗马教廷任命的两广教区"宗座监牧"传教士明稽章从法国皇帝拿破仑三世处取得 50 万法郎的建设专款，还专门从罗马和耶路撒冷运来一公斤泥土，使得教堂在建造技术和文化融合等方面都体现了中法合作的历史渊源。此外，充满华侨风情的东山洋房、集全国各地建筑美学精粹的西关大屋、最具异国情调的沙面欧式建筑群等，都分别以不同的形态记录了广州对外交往的一段段历史，如今更成为国内外游客纷至沓来的著名景点。

　　西学东渐的浪潮也使得广州成为吸纳西方科学技术的前沿地。澳门自葡人租据以后，成为西方近代科技器物传入内地的大本营，许多先进技术经由广州引进内地并经改造后，又对中国更广泛的地区产生深远影响。鸦片战争时期，深谙夷务的广州十三行商人积极引进西方军事技术，"查澳

---

　　① 黄佩贤：《广州传统建筑与西方文化》，载《华中建筑》1998 年第 4 期，第143－144 页。

门及广州十三行，售卖火药洋枪向不禁止，盖恐一经查禁，不敢携带进口，即在外洋卖给匪人也"①。通过大量引入西式先进武器，包括舰船、火炮、水雷、洋枪等，成为中国军队武器装备从冷兵器向火器转型的重要推动者，促进了中国军事现代化进程。② 鸦片战争以后，广州及珠三角地区最早受到西方资本主义的影响，工业文明由此向全国扩展开来。外国资本家和本国工商业者在广州陆续兴办起大量外资企业、洋务企业、军事工业以及民用工业，其中包括由英国人柯拜在广州黄埔创建的中国境内第一家外资企业"柯拜船坞"、由民族实业家陈启沅在南海创办的近代中国第一个民族资本经营的继昌隆缫丝厂等。协同和机器厂、广东士敏土厂、广东兄弟树胶公司等民族工业企业如雨后春笋，涉及造船、水泥、火柴、铸钱、面粉、印刷、造纸、自来水、制茶、制糖、卷烟、皮革、电力等凝聚着西方近代工业文明成果的官办、商办、官商合办企业纷纷建立，它们生产出来的"广货"源源不断地输往全国甚至海外。

广州也成为近代西方医学传入中国的落脚点，见证了中国西医学的发端与壮大。1805 年，英国东印度公司医生皮尔逊在广州为儿童接种牛痘，并写下《种痘奇方详悉》一书，第一次把西方种牛痘预防天花的医术介绍到中国。十三行行商郑崇谦将其翻译成中文，命名为《英吉利国新出种痘奇书》并出版。此后 30 年，全国百万儿童因接种牛痘而免于感染天花病毒。1835 年，美国传教士彼得·伯驾来到广州，在行商伍秉鉴等的支持下，在十三行内创办了时称"新豆栏医局"的眼科医局，成为广州最早的眼科医院，也是如今中山大学孙逸仙纪念医院的前身。在进行外科手术治疗时，伯驾使用了当时最新的麻醉术——乙醚麻醉法和氯仿麻醉法，把又一先进技术传入中国。伯驾还招收了 3 名中国学生，传授一般医疗知识并充当个人助手，这是中国西医学教育的开始。第二次鸦片战争爆

---

① 齐思和等：《筹办夷务始末》（道光朝）五，中华书局 1964 年版，第2796 页。

② 杨宏烈、杨禾：《广州十三行行商引进西方船炮》，载《当代广州学评论》2017 年第 1 期。

发后，新豆栏医局迁址并更名为"博济医院"，逐渐发展成为晚清时期最著名的西医院，创下中国西医史上无数个第一：第一例卵巢囊肿切除术、第一例膀胱取石术、第一例病理解剖术等等。1866 年设立的博济医学堂是中国最早的西医学府，曾在此学医的不仅包括民主革命先驱孙中山先生，还有中国第一位出国学习西医并获博士学位的黄宽，中国历史上第一位女西医张竹君等。

广州的对外商业贸易为各类思想、文化、器物和技术进入中国开辟了最早的通道，也促进大量的外来文化与本土文化、中国文化在此相遇和碰撞，孕育出交融共生的思想氛围。随着中国与世界的对话不断深入，广州所秉持的开放共享精神与包容创新风貌使其更有机会把握时代趋势和发展机遇，在文化传播、交流与互鉴中发挥更加积极主动的作用，为中外文明对话创造坚实纽带与内生动力。

（三）勇当改革开放的前沿阵地

1978 年改革开放以来，中央赋予了广东多项特殊政策，为广东地区营造了一个有别于全国体制的环境，激发出地方政府发展本地经济的巨大动力。广州作为广东省省会城市，紧抓"对外开放、对内搞活"的时代机遇，率先冲破传统计划经济体制，成为广东省对外开放的桥头堡和我国改革开放的前沿地。40 多年来，广州积极把握广东"先行一步"的特殊政策和灵活措施，对内开展一系列改革，实现了从高度集中的计划经济体制到充满活力的社会主义市场经济体制的重大转换，成为全国经济实力和活力最强的城市之一。

在商贸发展方面，广州把"搞活流通"作为经济体制改革的突破口，引入市场竞争机制，扶持个体、民营经济和"三资"企业成长，打造了一批商业街、步行街、专业街，发展了一批具有综合性、专业性的批发交易场所，在众多领域创造出无数个国内第一。20 世纪 70 年代末，广州选准"计划经济票证时代农副产品短缺"这一痛点问题作为城市经济体制改革的突破口，发布首个支持个体私营经济发展的地方政策法规和文件，率先打响全国价格"闯关"第一枪。1978 年底，芳村率先放开部分水产市场，办起广州河鲜货栈，迈开了农副产品价格放开的第一步，开全国价格改革和流通体制改革之先河。从 1979 年开始，广州率先在全国放开塘鱼、肉菜等农副产品价格，逐步形成了影响全国的"广州价格"。价格改革带动了流通领域改革，流通领域改革激活了市场繁荣，市场繁荣吸引了多种投资来穗兴业。广州诞生了改革开放后全国第一批"万元户"，1980 年 10 月，全国第一条个体户专业街——高第街工业品市场正式开设，成为改革开放的排头兵。得益于改革开放试验田的特殊政策和毗邻港澳的有利位置，广东承接了 20 世纪 80 年代香港制造业和 90 年代我国台湾地区电子信息产业的两次大规模产业迁移，大批民营企业应运而生。"东南西北中，发财到广东"的口号传遍全国，内地成千上万的年轻人南下广东打工，为劳动力市场注入不间断的新鲜血液。

广州勇开风气之先，成为许多"新事物"的试验地，不断为全国各地相关领域的实践探索积累新经验。1979 年，广州市东山区（后并入越秀区）引进外资住宅建设指挥部与香港宝江发展有限公司合作开发的"东湖新村"工程签约，这是内地第一个商品住宅项目、第一个引进外资开发的住宅项目、第一个借鉴香港经验实施物业管理的住宅小区。1981 年，广州友谊商场引进全国第一家超级商场，首创"自选模式"，使得"一手交钱、一手交货"成为风潮。1983 年，白天鹅宾馆正式开业，这是全国第一家中外合作的五星级宾馆，1985 年成为国内首个世界一流酒店组织的成员。1984 年，广州从美国引进电影《超人》，成为全国引进放映的第一部好莱坞大片。同年，越秀区西湖路灯光夜市设立，这是全国第一个灯光夜市，开启了市场经济下中国夜间经济的"1.0 版本"。1985 年，广州南方大厦成为全国国营百货商店（场）中全年商品销售额、实现利润和缴纳所得税均第一的百货商店，是当时名副其实的我国最大的百货商店。1987 年 4 月，广州越秀区举办首个劳务集市，将市场的概念引进就业制度，第一次在劳动者与用人单位之间实现了"双向选择"，打破了以往僵化的劳动就业体制。1996 年 8 月，建筑面积达 16 万平方米的广州天河城正式开业，成为全国第一家现代购物中心，熙来攘往的顾客一次又一次地见证了广州商业经济的勃勃生机。

改革开放后，广州始终秉持敢为人先的魄力和勇气，积极开拓商业经营的创新模式，推动商业在更高层次上融入经济全球化，打造外商合资、民营、国有商店共同发展的繁荣图景。这与广州对外开放、开拓进取的城市传统精神密不可分，也从来离不开国家政策方针的大力支持。

二、领衔全国的政策定位优势

在国家和时代赋予重大发展使命的背景下，广州作为广东省省会、国家中心城市、粤港澳大湾区中心城市与"一带一路"重要枢纽城市，承担起对外开放、交往与合作的重要任务，持续彰显国际大都市定位优势，正在发挥越来越显著的作用。

（一）国家中心城市重要地位凸显

国家中心城市是居于国家战略要津、肩负国家使命、引领区域发展、参与国际竞争、代表国家形象的重要城市。在资源环境承载条件和经济发展基础较好的地区规划建设国家中心城市，既是引领全国新型城镇化建设的重要抓手，也是我国完善对外开放区域布局的重要举措。广州是国务院确立的国家中心城市，且在政治、商贸、交通、文化等方面具有重要的枢纽作用。

1984 年，国务院对《广州城市总体规划（1984—2000 年）》进行了批复，将广州市定位为广东省的政治、经济、文化中心，是我国的历史文化名城之一，也是我国重要的对外经济、文化交往中心之一，并强调广州市的经济发展要充分利用对外交往中心和开放城市的优势。2005 年 12 月 22 日，国务院对《广州市城市总体规划（2001—2010）》进行批复，广州的城市性质被确定为"广东省的政治、经济、文化、交通中心，是我国的历史文化名城和华南地区的中心城市，是我国重要的经济、文化中心和对外交往中心之一，是我国南方的国际航运中心"。2008年12月，国务院正式批复《珠江三角洲地区改革发展规划纲要（2008—2020年）》，首次以官方正式文件明确了广州的"国家中心城市"定位。2010年2月，住房和城乡建设部发布的《全国城镇体系规划纲要（2010—2020年）》明确将北京、天津、上海、广州、重庆规划为国家中心城市，广州成为获得"国家中心城市"定位的唯一非直辖市。2016年2月，国务院批复原则同意了《广州市城市总体规划（2011—2020年）》，明确广州是"广东省省会、国家历史文化名城，我国重要的中心城市、国际商贸中心和综合交通枢纽"。这次批复首次确立了广州"重要的"中心城市地位，同时还出现了"国际"二字，将广州的城市定位上升到了全球层面。从最早期定位为广东省的政治、经济、文化中心，到华南地区中心城市之一，再到我国重要的中心城市，广州城市定位在国务院的批复中逐渐提升，更在国家总体部署中承担了对外经贸、文化交流、交通枢纽等功能。

作为国家发展战略的重要支点，广州坚持以国家中心城市身份承载时代赋予的重大历史使命和责任担当。"十三五"时期，广州提出的目标是"在确保率先全面建成小康社会目标要求基础上，国家中心城市功能实现整体跃升，成为珠三角世界级城市群核心城市、辐射带动泛珠地区合作的龙头城市、国家建设'一带一路'的战略枢纽""建成有文化底蕴、有岭南特色、有开放魅力的现代化国际大都市"。步入"十四五"时期，广州进一步提出"国家中心城市和综合性门户城市建设上新水平，国际商贸中心、综合交通枢纽、科技教育文化医疗中心功能大幅增强，省会城市、产业发展、科技创新和宜居环境功能全面强化，城市发展能级和核心竞争力显著提升，粤港澳大湾区区域发展核心引擎作用充分彰显，枢纽之城、实力之城、创新之城、智慧之城、机遇之城、品质之城更加令人向往"等目标。此外，《广州市国民经济和社会发展第十四个五年规划和2035年远景目标纲要》中279次提到"国际"，69次提到"开放"，并首次设置"加快国际交往中心建设"专节，强调"实施城市国际化战略，提升城市对外交往功能，打造国际高端资源要素集聚地、国际交流合作重要承载地、引领全球城市治理创新示范地、展现开放包容魅力重要窗口"。表明国际交往功能将作为广州发挥国家中心城市功能的新抓手，推动国际大都市建设不断迈上新台阶。

步入新时代，以广州为代表的国家中心城市承担着主动对接全球经济体系、服务国家对外开放战略、建设国际门户枢纽、辐射带动区域发展的重要任务，广州也在此过程中不断巩固传统对外交往优势，激活对外开放门户地位，在推动我国与世界的广泛交流和合作中做出新贡献。

（二）开放平台载体赋能高质量发展

近年来，广州不断加大对外开放和制度创新力度，充分激活经济技术开发区、自由贸易试验区以及综合保税区等重要战略平台机遇，持续提升重点产业领域开放合作水平，持续提高利用外资水平，统筹推进作好开放合作文章，迸发强劲的"磁吸"效应。

经济技术开发区（简称"经开区"）是对外开放的重要平台。广州拥有广州经济技术开发区、南沙经济技术开发区、增城经济技术开发区三大国家级经济技术开发区，近年来综合实力稳步增强，总体发展水平居全国前列，为全市经济高质量发展提供了重要支撑。2021年，广州三大国家级经开区地区生产总值超过6000亿元，占全市1/5。三大国家级经开区货物进出口、实际使用外资占全市半壁江山。其中，货物进出口额合计5449.57亿元，占全市50.3%；实际使用外资总额合计305.4亿元，占全市56.2%。制造业方面，2021年，三大国家级经开区规模以上工业总产值合计约1.2万亿元，占全市53.1%。其中，南沙经济技术开发区规模以上工业总产值增速11.2%，增城经济技术开发区规模以上工业总产值增速15.7%，分别高于全市增速4.2个和8.7个百分点。广州经济技术开发区于1984年经国务院批准成立，是全国首批国家级经济技术开发区之一，与广州高新技术产业开发区广州出口加工区、广州保税区、中新广州知识城合署办公，实行"五区合一"的管理体制。2023年，广州经济技术开发区综合排名全国第2、利用外资排名全国第1、进出口总额排名全国第 7，综合发展水平连续 7 年位居前 3 名，获评 2021 年度中国高质量发展十大示范县市，并且连续四年荣获国家级投资促进大奖，是全国唯一经国务院批准的知识产权综合改革"试验田"，获评为全国首批知识产权服务领域特色服务出口基地。南沙经济技术开发区综合排名第 7 位，利用外资排名全国第二，进出口总额全国第五；增城经济技术开发区跻身全国前70 强。在体制机制创新方面，自 2018 年获批广东省首个营商环境改革创新实验区以来，广州开发区全面落实落细各项改革任务，营商环境指数连续四年位居全国经济开发区第一，改革力度走在前列。

建立中国（广东）自由贸易试验区是党中央、国务院做出的重大决策，是新形势下全面深化改革、扩大开放和促进内地与港澳深度合作的重大举措。2014 年 12 月，国务院决定设立广东自贸区，涵盖广州南沙新区、深圳前海蛇口以及珠海横琴新区 3 个片区，总面积 116.2 平方千米，旨在依托港澳、服务内地、面向世界，建设全国新一轮改革开放先行地、21 世纪海上丝绸之路重要枢纽和粤港澳深度合作示范区。2015 年 4 月，国务院批准《中国（广东）自由贸易试验区总体方案》，明确广州南沙新区片区重点发展航运物流、特色金融、国际商贸、高端制造等产业，建设以生产性服务业为主导的现代产业新高地和具有世界先进水平的综合服务枢纽。属于非海关特殊监管区域的广州南沙新区片区等重点探索体制机制创新和积极发展现代服务业及高端制造业，属于海关特殊监管区域的广州南沙保税港区等则试点以货物贸易便利化为主要内容的制度创新，主要开展国际贸易和保税服务等业务。2018 年 5 月，国务院印发《进一步深化中国（广东）自由贸易试验区改革开放方案》，明确提出构建开放型经济新体制先行区、高水平对外开放门户枢纽和粤港澳大湾区合作示范区。2021 年 9 月，广东省人民政府公布的《中国（广东）自由贸易试验区发展"十四五"规划》，明确了"十四五"时期广东自贸试验区发展以打造高水平对外开放门户枢纽为总定位，建设引领体制机制创新的先行区、世界级的贸易链接平台、粤港澳大湾区融合发展的示范区、现代产业高质量发展的先导区。其中，广州南沙片区主要侧重于建设粤港澳大湾区综合性国家科学中心主要承载区、国际人才特区、进口贸易促进创新示范区、粤港澳全面合作示范区，打造联动湾区、面向世界的高水平对外开放门户。

南沙新区依托广州作为国家中心城市的综合优势，连通港澳，服务内地，区位十分优越，港口岸线资源丰富，发展空间广阔。2012年国务院批复的《广州南沙新区发展规划》要求南沙新区在全面推动珠三角转型升级、促进港澳地区长期繁荣稳定、构建我国开放型经济新格局中发挥更大作用，建成粤港澳全面合作示范区。因此，南沙构建以创新为引领的高质量发展模式，推进"三区"（国家级新区、自贸试验区、粤港澳全面合作示范区）融合发展，全力打造高水平对外开放门户枢纽。一方面，以制度创新为引擎，充分发挥自贸区先行先试的政策优势，对标最高标准、最高水平开展先行先试和压力测试，在若干重点领域率先实现突破，不断提升自贸试验区建设发展水平。另一方面，开放引领经济高质量发展成效不断提升。2020年11月，广州南沙获批建立国家进口贸易促进创新示范区。2023年，南沙外贸进出口总值2912.1亿元，其中进口总值为1344.55亿元，占广州进口总额的三分之一。如今，南沙新区集国家战略新区、国家级经济技术开发区、保税港区、高新技术产业开发区和广东省实施CEPA（内地与香港关于建立更紧密经贸关系的安排）先行先试综合示范区功能于一体，产业基础雄厚。立足保税区优势，在全国首创物流畅通、通关便捷、监管有效的"跨境电商出口退货海关监管新模式"，率先打通跨境电商出口退货便捷通道。依托广州南沙粤港合作咨询委员会，建立起与港澳常态化绿色金融合作机制，推动大湾区绿色金融标准互认，与港澳共建大湾区碳排放权质押融资、生态补偿机制。正在建设的粤港深度合作园南沙枢纽片区（起步区）项目，衔接香港标准，在资讯科技、专业服务等八大重点产业领域深化粤港合作、共建共享。南沙新区为广州在新一轮改革开放中先行先试，进一步为探索经济发展方式转变新路径提供了经验样本，也为广州率先建成国际化法制化的规则体系和营商环境，为粤港澳融合发展提供了重要载体。

综合保税区是我国构建开放型经济体系的重要平台，对发展对外贸易、吸引外商投资、促进产业转型升级发挥着重要作用。广州市目前共有黄埔、南沙、白云机场三大综合保税区（简称"综保区"），近年来发展迅猛，特别在当前经济整体下行压力较大的情况下成为全市外贸经济增长亮点。其中，广州白云机场综合保税区（一期）在 2014 年 4 月通过验收，二期于 2019 年 6 月通过验收，2021 年 3 月，广州白云机场综合保税区（南区）正式开园。广州白云机场综合保税区是广东省首个经国务院批准成立的综合保税区，是国内少有的包含机场口岸操作区并实现"区港一体化"运作的综合保税区之一，是广州国家级跨境电商综合试验区的核心功能区，成为国家开放层次最高、优惠政策最多、功能最齐全、手续最便捷的海关特殊监管区域之一，具有保税加工、保税物流、保税服务等核心功能，重点打造全球保税物流中心、全球保税维修中心、亚太贸易展览销售中心"三中心"，目标成为创新引领、服务功能完善、高端要素集聚、引领和带动周边产业升级的开放型经济发展先导区域。广州黄埔综合保税区在 2021 年 2 月正式通过验收，重点发展新技术、新产业、新业态、新模式，以跨境电商、物流分拨、文化保税、研发设计作为产业发展方向，打造具有国际竞争力和创新力的海关特殊监管区域，为穗港智造合作区发挥链接国内国际"双循环"的重要基础性平台作用。2020 年广州黄埔综合保税区打造"一仓三中心"，即广州黄埔全球中心仓、保税全球维修中心、保税研发中心、文化艺术品保税展示交易中心。2022 年国产品牌出口汽车首次进入黄埔综保区进行保税存储，标志着该综保区汽车出口通道被正式打通。广州南沙综合保税区在 2020 年 9 月通过验收，主要开展保税港口作业、保税物流、保税加工和保税服务等业务。2021 年开通南沙粤港澳大湾区机场共享国际货运中心，2022 年 4 月首创"跨境电商出口退货合包"创新模式，在实现"买全球、卖全球"的同时，让跨境电商出口商品"出得去、退得回"，运转速度进一步提升，企业成本进一步降低。2023 年 11 月，国务院正式批复同意广州保税区和广州出口加工区整合优化为广州知识城综合保税区，成为广州第 4 个、广东省第 12 个综合保税区。广州开发区、黄埔区将拥有广州黄埔综保区、广州知识城综保区"一南一北"两个综保区,为广州打造对外开放高地再添高规格新引擎。

(三)激活粤港澳大湾区核心引擎功能

粤港澳大湾区是由广州、佛山、肇庆、深圳、东莞、惠州、珠海、中山、江门9市和香港、澳门两个特别行政区形成的城市群。作为中国开放程度最高、经济活力最强的区域之一,粤港澳大湾区是中国与世界开放合作的先锋,是继美国纽约湾区、美国旧金山湾区、日本东京湾区之后的世界第四大湾区,是国家建设世界级城市群和参与全球竞争的重要空间载体。改革开放以来,特别是香港、澳门回归祖国后,粤港澳合作不断深化、实化,粤港澳大湾区经济实力、区域竞争力显著增强,已具备建成国际一流湾区和世界级城市群的基础条件。2019年2月18日,《粤港澳大湾区发展规划纲要》正式公布,明确将粤港澳大湾区建成充满活力的世界级城市群、国际科技创新中心、"一带一路"建设的重要支撑、内地与港澳深度合作示范区、宜居宜业宜游的优质生活圈五大战略定位,并将香港、澳门、广州、深圳作为四大中心城市,充分发挥比较优势,做优做强,增强对周边区域发展的辐射带动作用。

《粤港澳大湾区发展规划纲要》落地5年多以来,湾区城市群合理分工、合作互补,协同耦合发展程度持续提高。目前粤港澳大湾区拥有世界上最大的机场群,其中香港、广州、深圳、珠海机场均已达成千万级年旅客吞吐量。粤港澳大湾区港口群是世界上通过能力最大、水深条件最好的区域性港口群之一,区域港口吞吐量位居世界各湾区之首,拥有广州、深圳、香港、东莞、珠海等5个亿吨大港,香港港、深圳港、广州港的集装箱吞吐量均位居全球前十。粤港澳大湾区还以连通内地与港澳以及珠江口东西两岸为重点,构建以高速铁路、城际铁路和高等级公路为主体的城际快速交通网络,助力实现大湾区1小时通勤圈,"轨道上的大湾区"加速从蓝图驶向现实。粤港澳大湾区内科技创新要素高度集聚,研发和成果转化能力突出,是推动国家科技发展的重要高地。粤港澳三地携手创新科技合作管理体制，加强重大科技成果转化应用力度，促进创新链、产业链、信息链、资金链、人才链对接联通，大力推动国际科技创新中心建设。目前以广深港、广珠澳科创走廊（两廊）和深圳河套、珠海横琴创新极点（两点）为主体的大湾区国际科技创新中心框架基本建立，河套、南沙、前海、横琴等重大合作平台积极发挥创新引领作用，城市间人才和创新资源流动不断加强。粤港澳三地的产业集群优势逐渐凸显，已初步形成规模庞大、结构完整的产业体系，城市群产业分工协作格局逐渐形成，产业共建和对外开放程度持续提高，转型升级步伐不断加快。粤港澳大湾区地缘相近、人缘相亲、文缘相通，有着不可分割的血脉羁绊，拥有扎实的人文合作基础，在促进文化往来合作方面具有天然优势。香港中文大学（深圳）、香港大学（深圳）、香港科技大学（广州）、香港城市大学（东莞）、北京师范大学－香港浸会大学联合国际学院等一批项目推进三地教育合作程度不断加深。

《粤港澳大湾区发展规划纲要》明确强调，广州要"充分发挥国家中心城市和综合性门户城市引领作用，全面增强国际商贸中心、综合交通枢纽功能，培育提升科技教育文化中心功能，着力建设国际大都市"。立足粤港澳大湾区"一国两制、三个关税区"的特殊优势，紧抓城市群协同发展的良好基础，广州持续发挥核心引擎作用，持续夯实门户枢纽的地位与中心城市的带动作用。

三、实力强劲的经济基础优势

新中国成立70多年来，广州坚持社会主义市场化改革道路，充分利用区位优势和政策优势，先行先试坚持改革开放，一直走在全国深化改革的前列，以开放促改革、促发展，经济总量连续攀升。与其他一线城市相比，广州的科技合作实力强劲，外向型经济特征更加显著，营商环境持续改善，品牌会展享誉全球，为高质量发展奠定坚实基础。

（一）经济总量走在全国前列

广州的主要经济指标一直稳居全国前列，从"千年商都"向"现代商都"的转型升级正在发生。党的十八大以来，广州地区生产总值连续跨越3个5000亿元台阶，2013年迈上1.5万亿元台阶，2018年冲破2万亿元大关，2020年再上2.5万亿元台阶，按现价计算经济总量约占广东省的近1/4，经济发展既"快"又"好"。按可比价格计算，2012—2021年广州地区生产总值年均增长7.7%，增速高于全国（6.6%）、全省（6.9%），实现了经济高水平高质量运行。

随着我国经济发展进入新常态，广州积极转变发展方式，调整优化产业结构。2012年全市三次产业占比为1.4∶36.2∶62.4，2023年全市三次产业结构调整为1.05∶25.61∶73.34，第三产业占GDP比重快速提升，成为推动广州经济增长的重要力量。面对需求收缩、供给冲击、预期转弱三重压力，广州2022年经济运行主要指标均实现增长，成为我国消费、外贸、外资三大指标都实现正增长的唯一一线城市。2023年全年地区生产总值为30355.73亿元，同比增长4.6%；人均地区生产总值达到161634元（按年平均汇率折算为22938美元），连续4年超过世界银行提出的高收入经济体标准。强大的经济基础实力是广州开展各项国际交往活动的前提，赋予广州越来越宽广的发展前景。

以战略性新兴产业和现代服务业为代表的增长新动能，在稳定广州经济大盘助力经济增长中提供了强有力的支撑。制造业与生产型服务业双向融合发展态势不断加强，2022年科研成果转化服务、研发与涉及服务全年营收同比分别增长32.9%、15.5%，推动工业生产向高端化绿色化迈进以筑牢实体经济根基。战略性新兴产业在筑牢实体经济根基、提升经济发展韧性方面发挥了不可替代的作用。2023年广州三大新兴支柱产业与五大新兴优势产业（即"3+5"战略性新兴产业）共实现增加值9333.54亿元，在地区生产总值中的占比提升至30.7%，对经济增长的贡献率超过三成。作为经济发展"压舱石"的服务业，近年来稳步推进行业形态向高端迈进，现代服务业稳步发展。其中，金融服务业 2023 年全年实现增加值 2736.74 亿元，同比增长 7.5%，占地区生产总值的比重接近 10%，为经济增长注入强劲动能。

（二）对外贸易保持快速发展

广州是全国经济对外开放程度最高的城市之一，始终推动开放型经济发展走在前列，为全省乃至全国参与国际贸易竞争合作发挥排头兵作用。通过全面强化顶层设计，加大对关键领域、重要环节的扶持力度，以创新稳增长、促提升，以新动能强化外贸发展韧性，促进外贸持续向好。2021 年广州货物进出口总值 10825.9 亿元，突破万亿元大关，成为全国第 7 座"外贸万亿之城"。2023 年外贸进出口总额 1.09 万亿元，连续三年外贸总额超过万亿元并增长 1.1%。《区域全面经济伙伴关系协定》（RCEP）生效实施以来，广州与越南、泰国、日本等 RCEP 成员国经贸往来保持良好发展势头，2022 年对 RCEP 国家进出口贸易额超过 3500 亿元，约占广州外贸进出口总值 33.6%，为外贸发展持续注入利好新活力。多措并举推进外资工作，在构建外商投资全链条服务体系、推进重大项目招商等方面加大力度，确保外资企业在穗安心发展。广州连续 11 年保持实际使用外资正增长，从 2012 年的 45.75 亿美元增长到 2022 年的 87.84 亿美元，实现跨越式能级提升。截至 2022 年底，广州开发区实际利用外资连续七年达到 20 亿美元以上，2023 年突破 30 亿美元大关，连续五年排名全国经济技术开发区第一，获得联合国颁布的 2019 年度全球杰出投资促进机构大奖，成为唯一获此奖项的中国机构、全球 3 家获此奖项的机构之一，招引外资成果获得世界瞩目。

会展是链接国内外贸易的平台，是衔接上下游产业链和国内外供应链的纽带，也是集中展示城市建设成果和营商环境机遇的窗口。以中国进出口商品交易会（以下简称"广交会"）为知名代表，会展业一直是广州的老牌优势行业。广交会被誉为"中国第一展"，是我国历史最长、层次最高、规模最大、商品种类最全、到会采购商最多且分布国别地区最广、成交效果最好的综合性国际贸易盛会，既是我国对外贸易的"风向标"和"晴雨表"，也是广州作为开放交流窗口的金字招牌。新中国成立之初，我国受到西方经济的封锁和与政治的孤立，1957年在广州成功举办的首届广交会切实打开了我国对外贸易的接驳口，打造重新链接中国与世界的贸易桥梁和友谊纽带。此后几十年间，广交会迅速成为中国出口创汇的主要渠道和与世界交往的重要通道，规模逐步扩大、影响力日益提升。改革开放后，广交会承担起助力中国走向世界的历史使命，作为中国商品进入世界市场的第一站，成为受到举世关注的国际重大平台。2007年春季举办的第101届由原先只涉及出口贸易拓展为进出口双向促进，更名为中国进出口商品交易会，迎来了新的里程碑。广交会历经68年种种考验从未间断，是我国对外开放的缩影和标志，也是见证广州历史变迁、助力城市发展、名声享誉全球的超级展会品牌。而除了广交会，广州还拥有海峡两岸经贸交易会、中国（广州）国际金融交易博览会、广州文化产业交易会、中国创新创业成果交易会、广州博览会等多个具有国际知名度的品牌展会，疫情期间各类展会采用线上与线下相结合的举办方式，在"云端"架设起一座座中外合作之桥，以"买全球、买全球"的实践持续促进贸易畅通，助力广州不断迈向国际会展之都。

数字经济时代，跨境电商成为新一轮商贸业发展和国内外城市竞争的重要赛道。作为国家第二批跨境电商综合试验区，广州依托海陆空协同发展打造"跨境电商之城"，吸引大批跨境电商企业集聚发展，为广东乃至全国跨境电商探索新模式提供地方经验。广州自2014年以来跨境电商零售进口规模连续9年蝉联全国第一，率先出台全国首个跨境电商RCEP专项政策，率先打造全国首个跨境电商公共分拨中心，白云机场口岸跨境电商进出口交易额突破1000亿元，成为全国首个跨境电商业务迈进千亿元大关的空港口岸，规模优势持续领跑全国。广州抢抓先发机遇，培育直播电商新业态，成立全国首个直播电商产业联盟、首个直播电商研究院、首个直播电商智库，举办全国首个以城市为平台的直播带货节，实现足不出户的"广货带天下，广带天下货"，持续聚集全球消费资源，引领国际消费新潮流。2022 年 6 月,《广州市数字经济促进条例》正式实施,成为国内首部城市数字经济地方性法规,建设跨境电商国际枢纽城市将进一步助力广州迈进全球数字经济第一梯队。

(三) 国际知名企业纷至沓来

营商环境是指企业、个体工商户等市场主体在市场经济活动中所涉及的体制机制性因素和条件,是市场环境、政务环境、人文环境和法治环境等有关外部因素和条件的总和。营商环境的水平直接影响着一个区域的招商引资能力和企业经营状况,良好的营商环境是地方软实力和竞争力的重要体现。近 5 年来,广州实施营商环境从 1.0 至 6.0 的改革,加快建设全球企业投资、国际人才汇聚首选地和最佳发展地。与世界银行开展建筑许可、跨境贸易、登记财产、执行合同等四个指标的咨询合作,率先形成与国际规则接轨的营商环境。2021 年广州入选全国营商环境试点城市,所有 18 项指标连续两年获评标杆,迄今已有 50 项改革举措在全国复制推广,电子政务等 3 项指标代表国家向世界推介。[1]《广州市优化营商环境条例》《广州市用绣花功夫建设更具国际竞争力营商环境若干措施》《关于支持市场主体高质量发展促进经济运行率先整体好转的若干措施》等文件陆续发布,改革力度不断加大。根据华南美国商会发布的调查报告显示,广州连续 7 年被受访企业列为最热门的投资城市。[2]

对标国际先进水平的营商环境有利于充分激发市场活力和社会创造力,也为广州集聚国内外一流资源、提升全球吸引力、辐射力创造充分条件。广州出台系列招商引资措施,通过优化外商投资公共服务体系、强化招商引资政策支撑等手段,吸引大量外资企业入驻。据统计,目前累计超过 5 万家外资企业在广州投资兴业,其中世界 500 强企业达 345 家,投资项目累计达 1968 个。欧美、日韩等国家都是广州外资企业的重点来源地,

---

① 数据来源:2023 年广州市政府工作报告。
② 华南美国商会:《2024 华南地区经济情况特别报告》,2024 年 2 月。

合作领域不断拓宽，产业链供应链深度融合。例如日资企业重点聚焦汽车、高清显示、现代服务业等领域，截至2023年底，日本在广州累计投资设立企业777家，丰田、本田、日产等三大汽车企业相继落户广州番禺、黄埔、花都，助力广州成为全国三大汽车产业基地之一。2022年，日本本田在穗的全新电动车组装工厂已正式动工，总投资金额为34.9亿元，成为广汽本田的首座电动车专用工厂；广汽丰田新能源汽车产能扩建项目二期在广州南沙正式投产，加快推动由上下游40多家供应商构成的南沙首个千亿级汽车产业集群形成，构建更完善的汽车全产业链。广州也是韩资企业在海外布局的重要基地之一，2023年韩国在穗累计投资企业1679家，LG公司等巨头企业纷纷在广州设立生产线或营业部，还涌现出韩国现代汽车集团全球首个海外建立的氢燃料电池动力系统生产基地项目、乐金显示（LG Display）的TFT-LCD及OLED面板生产线、雪松控股与韩国SKC的环保生产工艺等一批世界前沿的合作项目，广州与韩国在新能源汽车、人工智能、高端装备、现代服务业等新兴领域的合作不断深化。

在穗落户的外资企业中不乏世界知名品牌，广州为其不断增资扩产、提振信心创造了有利环境与坚实保障。作为最早进入中国市场的世界500强日化巨头，宝洁于1988年在广州与和记黄埔、广州肥皂厂、广州开发区等单位成立了在华的第一家合资企业——广州宝洁有限公司，开始投资建设其在中国的第一个生产基地——宝洁广州黄埔工厂，并于1990年正式投产。30多年来，宝洁累计在广州投资超过10亿美元，不仅把亚洲最大的生产基地、最大的区域分销中心设在广州，2019年又在广州启动了总投资约6亿元的宝洁新智造中心建设项目。广东是全球领先的制药公司——阿斯利康在全国最重要的市场，广州又是全省占比最大的市场。阿斯利康在华战略布局时，将中国南部总部落户广州国际生物岛，设立生物诊断创新中心和国际生命科学创新园，助力广州加快建设生物医药产业高地。香港新世界集团早在改革初期就率先来到广州，投资开发中国首间中外合资酒店——广州中国大酒店，后续相继打造了凯旋新世界、广州周大福金融中心（东塔）等标杆性项目，在穗投资累计已超过 2000 亿元。2021 年新世界中国总部正式落户广州，彰显对广州发展前景的充分认可。

（四）对外投资步伐不断加快

构建新发展格局要求更好发挥内循环对外循环的拉动作用，同时以外循环刺激内循环提质升级，形成"双循环"双轮驱动战略。对外投资是连接内外两个市场两种资源的主要方式之一，是参与国际循环的重要内容。广州紧紧把握共建"一带一路"、实施 RCEP 等有利机遇，印发《广州市参与国家"一带一路"建设三年行动计划》《促进对外投资合作高质量发展行动方案》《对外投资合作"十四五"规划（2021—2025）》等文件，健全全市对外投资合作保障服务机制，持续发力推动企业"走出去"。随着世界各地经济逐步复苏，广州企业对外投资实现快速增长，截至 2022 年底全市企业投资设立非金融类境外企业（机构）2297 家，中方协议投资额 286.3 亿美元。

广州是"一带一路"重要枢纽城市，在完善对外交流体系优化政策沟通、建设交通枢纽支持设施联通、外贸外资转型升级推动贸易畅通、加速多元化投融资体系服务资金融通、密切人文交流促进民心相通等方面均已取得显著成效。投资合作是广州企业参与"一带一路"建设的重中之重，带来广州与"一带一路"共建国家和地区贸易的快速增长，2023 年在"一带一路"共建国家共投资设立 65 家企业（机构），协议投资额 8.4 亿美元，大幅增长 3 倍，占同期中方协议投资额的 42.3%。[①] 受地缘因素和投资惯性的影响，广州超过八成新增企业（机构）设立于亚洲国家和地区，而中方协议投资金额主要集中在亚洲和北美洲，中国香港地区是广州企业最主要的投资目的地。

广州与 RCEP 成员间传统经贸基础扎实，RCEP 国家进出口占广州的进出口总量三成以上，进口占到四成半，是广州最大的贸易伙伴。RCEP

---

① 数据来源：《广州蓝皮书：广州城市国际化发展报告（2024）》。

的生效使得区域内 90% 以上货物将实现零关税，为广州与 RCEP 国家进出口带来巨大的发展空间。广州充分发挥自身的服务功能与平台效应，支持和帮助本地企业研究熟悉协定规则。2022 年 1 月，《服务广州企业"走出去"——RCEP 国别（地区）投资手册》发布，为广州企业了解 RCEP 成员法律环境体系、识别市场机遇风险、做好投资准备工作提供参考，协助企业解决海外投资过程中存在的信息不对称问题。RCEP 广州跨境金融创新中心同时成立，为广州企业提供金融支撑。

出海布局的广州企业中涌现出一批具有国际知名度的典型代表，成为"走出去"的示范样本。位于广州番禺区的广东海大集团股份有限公司是一家涵盖饲料、种苗、动保疫苗、智慧养殖、食品加工等全产业链的高新农牧企业，自 2006 年设立国际采购中心以来加速构建国际化版图，已在南亚、东南亚、非洲、美洲等地注册海外公司 30 多家，累计投资额达2.4 亿美元，2023 年凭借 2440 万吨的饲料销量位居全球第二。广州地铁集团是国内首家承接城际线路运营的地铁公司，也是国际地铁联盟（CoMET）的成员之一。2020 年 2 月，广州地铁集团、北方国际和巴基斯坦 DW 公司联营体与巴基斯坦旁遮普省公共交通管理局签订拉合尔轨道交通橙线运营及维护服务合同，这是"一带一路"框架下中巴经济走廊第一个轨道交通项目，广州轨道交通产业国际影响力由此凸显。快时尚跨境电商巨头希音（Shein）以广州为基地来做全球生意，出口已触及全球150 多个国家和地区，美国现在已经成为希音的最大市场。2021 年 5 月，希音成为 54 个国家和地区中排名第一的 iOS 购物应用程序和 13 个国家排名第一的安卓系统购物应用程序。在胡润研究院发布的《2023 全球独角兽榜》中，广州以 22 家的数量成为过去一年独角兽数量增长最快的中国城市和全球新增独角兽数量最多的城市之一，希音位列全球独角兽榜第四位。

随着广州高质量发展的步伐越来越快，对外投资范围越来越广，品牌效应越来越强，经济结构与外资外贸也将呈现出向高端转型、向优质转型、向绿色转型的良好趋势。在此过程中，广州不断加强与国内外重大政策的协同对接，为构建全方位、复合型的互联互通伙伴关系贡献地方力量。

四、联通世界各地的人脉优势

广州的领事馆数量位居全国前列，同时设立了多家国际代表处、办事处、交流合作中心等，正在向海外铺设贸易促进、科技合作、文旅推广等办事机构，广泛延展国际友好合作网络。与其他相似体量的国际化大都市相比，广州还拥有最为丰富的华侨华人资源，为深入实施公共外交、拓展海外人脉、扩大全球联系奠定了扎实基础。

（一）驻穗领馆发挥合作桥梁作用

广州始终注重加强与海内外机构的交流合作，通过领馆搭建与世界的联系纽带，创造各国与穗合作发展机遇。截至 2023 年 12 月，外国驻穗总领事馆数量已达 68 家。其中，美国驻广州总领事馆于 1979 年 8 月 31 日开馆，日本驻广州总领事馆于 1980 年 3 月 1 日开馆，2022 年为迎接中日邦交正常化 50 周年，日本国驻广州总领事馆举办了日本"相"见摄影比赛、龙舟比赛、粤港澳大湾区中日企业家峰会等多场纪念活动。1922 年，瑞士联邦政府就向广州派驻名誉领事，并在广州沙面设立了办公室，原址历经百年考验至今保存完好。2023 年 1 月 17 日，瑞士驻广州总领事馆举办了庆祝瑞士设立广州领事馆一百周年招待会，瑞士与广州、广东乃至粤港澳大湾区在金融科技、生物医药、绿色低碳发展等各领域的务实合作不断深化。

广州常态化举办外国驻穗领团见面会、外国驻穗领馆"读懂广州"等各类活动，就进一步推进广州与各国的友好合作进行座谈交流，不断深化良好关系。广州面向领馆推介的市—区两级联动机制不断强化，多次举办外国驻穗领团走进黄埔、花都、南沙、从化、番禺等考察访问活动，积极展示广州市各区开发建设和改革创新的成果。在 2021 年 3 月举行的

"驻穗领团及外国驻粤媒体珠江东岸行"活动中，来自 50 余个国家驻穗总领馆官员与多家外国驻粤新闻机构走访广州知识产权法院、广州视源电子科技、广州禾信仪器等地，了解广州在打造高质量发展动力源、加强知识产权保护、促进国际医疗卫生合作等方面的举措和机遇。在 2021 年 8 月举办的"境美福山　绿色环投"活动中，24 家外国驻穗领团参观福山循环经济产业园，就广州推动绿色低碳循环发展取得的成效进行交流。2022 年 9 月，来自 30 个国家的驻穗总领事馆领事官员齐聚南沙，参观南沙区规划展览馆、数字服务贸易平台、广州港南沙港区码头，试乘无人驾驶车辆，并围绕南沙税收、航运和金融政策等问题进行座谈。

总领事馆作为派遣国家的代表，还积极参加广东省、广州市举办的各项国际会议与文化活动，增进与广州在各领域的务实合作。例如，2021 年五一期间，举办"食在广州　缤 fun 假期"国际美食主题活动，首站东南亚美食文化节邀请东盟成员国马来西亚、菲律宾、新加坡、泰国、老挝、越南、柬埔寨、印度尼西亚等国总领事以及东盟对话伙伴国的驻穗领事共同出席启动仪式。2022 粤港澳大湾区服务贸易大会邀请了英国、美国、德国、日本等 10 个驻穗领馆代表出席，共同探讨大湾区服务贸易创新发展方向。广东 21 世纪海上丝绸之路国际博览会每年吸引 50 多家驻穗领馆参与，围绕"一带一路"共建、共商、共享发展机遇。

（二）加速吸引各类国际机构集聚

除了外国领事馆，还有多种国际代表处、办事处、交流合作中心等机构正在广州加速聚集。一类是国（境）外政府机构驻穗代表处，具体包括境外国家、城市或地区的政府部门、国际组织、研究机构或大学在穗设立的办事机构，其中既包括综合性的加拿大艾伯塔省驻广州办事处，也有侧重推进科技研发合作的英国伯明翰大学广州中心，重点开展旅游推广服务的韩国旅游发展局广州办事处、泰国国家旅游局广州办事处、洛杉矶会议及旅游局广州办事处等，这些机构致力于促进当地政府部门和企业与广州及华南地区的经贸、投资、科技、教育、旅游等领域往来。另一类是国

（境）外经贸代表机构，例如美国、英国、加拿大、澳大利亚等国家在广东省或者华南地区设立的商会，以及香港、澳门贸易投资促进局广州代表处等等。还有数千家国（境）外企业在广州设立的办事机构，在穗从事经营性活动或对接服务工作。

2020 年 11 月，由广州市人民政府外事办公室（以下简称"广州市外办"）打造的广州国际交流合作中心（以下简称"国合中心"）正式启动运营。国合中心旨在进一步加强和深化与全球城市在经济、贸易、科技、教育、文化等各领域的密切交流与务实合作，力争建设成为立足粤港澳大湾区、辐射全国乃至全球的国际科技成果转化中心、国际投资贸易促进中心、国际合作信息转换中心。国合中心广泛构建合作伙伴网络，吸引国际机构入驻，为其提供丰富服务，取得丰硕的交流合作成果。国合中心在科技、贸易、文教、体育等领域，为国际组织、国际城市代表处、国际科研机构、境外商协会、境外知名高校、境外科技人才等对象提供项目对接、运营支持、品牌宣传、成果转化、增值服务。运营几年来，国合中心坚持以"外事＋"行动推进各领域交流合作工作，为全市投资贸易、科技创新、文化交流、农业对接、人才服务、机构联络等领域搭建友好交流平台，共同挖掘合作机遇。

国合中心与广州国际交流合作基金会、4 个广州驻国外办事处、67 家驻穗领馆、100 多个国际友城，以及境外国际组织机构、行业商协会、知名高校等紧密联动，为广州对外交流合作打造项目库、资源库、信息库。截至 2023 年底，已吸引来自英国、美国、加拿大、日本、新西兰、以色列等国家的国际城市代表处、商会协会、NPO（非营利组织）、企业及其他入驻机构共计 23 家，合作机构 14 家，累计为 45 家机构提供服务支持。2022 年 5 月 18 日，中心联合日本福冈驻广州办事处、SMARTI 株式会社及株式会社 C&E 共同举办了广州—福冈交流推介会，活动采取线下线上相结合的方式，邀请活跃于广州和福冈两地的机构与企业，共通分享两地国际交流现状及为企业提供的创业支持。自 2020 年日本福冈驻广州办事处正式入驻国合中心以来，双方已携手举办多场广州与福冈两地的友好交流活动，引进以 SMARTI 株式会社为代表的多家福冈企业落地广州，有力推动两地友好交流与务实合作的深入发展。中心还在每季度定期举办入驻机构交流座谈会，深挖潜在资源、探讨合作方向，并甄选 10 家重点项目提供机构"一对一"专人跟进，加大项目落地推进力度，尝试铺开更广阔的国际交流网络。

（三）海外机构网络加快延伸

为进一步提升对外开放水平和能力，以更广视域拓展全球交流，广州的海外机构网点布局加快延伸，助力实现高水平开放新局面。科技创新海外办事处、贸促会海外联络处、广州旅游境外推广中心、广州港驻外办事处等多种机构"联点成网"，强化窗口、桥梁和"特派使者"功能，激活联通中外的桥梁中介作用。

围绕服务、联络和传播三大职能，广州设立了驻美国硅谷、白俄罗斯明斯克、以色列特拉维夫、德国柏林四大办事处，强化政府服务前移、项目对接前移和终端前移，主动对接驻在国家和地区科技部门、机构和企业，以全球视野主动引资引智引技，切实提高科技创新领域"引进来"和"走出去"的工作水平。2017 年 6 月，广州驻特拉维夫科技创新合作办事处正式成立，加快以色列与广州在生命科学、生物医药等领域合作，助推广州国际科技创新枢纽建设。驻波士顿办事处更多地对接资本、企业和科研机构，引进密歇根大学团队的 VOC 监测设备项目落户南沙、波士顿创投中心与广药集团联合研发合作意向等。驻硅谷办事处促成了广州斯坦福国际研究院、迈迪诺斯、TTS（Text-to-Speech）语音识别项目等项目落户广州。驻柏林办事处举办了中国海外人才交流大会暨中国留学人员广州科技交流会（简称"海交会"）德国分会场、中国广州国际投资年会德国柏林分会场等活动，开创广州与海外人才、资金、技术与项目合作新起点。

中国国际贸易促进委员会（以下简称"贸促会"）海外联络处是广州引进海外资金的重要渠道，引导企业与境外产业链中的上下游企业加强互利合作，为企业提供海外贸易投资支持和保障。截至 2023 年底，广州市贸促会已在俄罗斯、新西兰、智利、斐济等地设立 30 个海外联络处，充分发挥"连接政企、融通内外、衔接供需"的平台优势。2016 年在新西兰 AFC 集团奥克兰总部设立的广州市贸促会驻新西兰联络处，以经贸为纽带发展广州与南太平洋沿线城市的友好关系，自成立以来主办或承办了 2017 年中新贸易投资高峰论坛、2018 中新电商峰会暨投资贸易论坛、2019 年中国（广州）—新西兰（奥克兰）经贸推介交流会等多场经贸活动，帮助贸促会会员企业"走出去"。广州市贸促会还以"广州名品世界巡展"为品牌，在亚、非、欧地区举办名品巡展，组织多个经贸代表团开拓海外市场，提升广州品牌国际知名度。

为提升旅游国际知名度，广州在全球多个国家和城市设立了旅游推广中心，充分整合政企资源，助力开发海外旅游市场。2009 年，广州市旅游局和澳大利亚澳嘉集团有限公司合作设立广州旅游（澳新）推广中心，首次在悉尼设置广州国际旅游推广的创新试点，成为有针对性开拓境外旅游客源市场的有益性探索。2017 年，广州市政府与中国南方航空公司（以下简称"南航"）签署战略合作协议，在全球设立 20 个旅游推广中心，实现"南航的飞机航线开到哪里，广州的旅游推广中心就开到哪里"。依托南航海外办事处，广州旅游推广中心通过参展参会、专项推介、节庆营销、境外主流媒体等方式，系统化塑造广州在海外主流市场的形象，深入拓展海外旅游合作推广网络，激活新的市场增长点，打造世界旅游目的地。

广州各类机构各自发挥资源渠道优势，在本行业领域内构建起交织共融的对外联系网络。例如广州港集团分别于 2016 年在欧美成立办事处，2019 年与中联运通合作成立新加坡和台北办事处，在胡志明市设立越南办事处等，充分发挥欧洲、美洲和亚太地区海外办事处驻点的营销效能，向海外采购商营销"南沙 FOB（离岸价）"，不断扩大广州南沙港区在海外知名度、美誉度和影响力。拓展海外客源，推动亚洲航线产品较为丰富的船公司在广州增加亚洲航线，加大面向国际货代、国外直客等的营销与协作力度。以广州为核心，各领域的境外机构网络辐射主要大洲、地区、国家和城市，为广州架起一座座联通全球的重要桥梁。

（四）侨乡都市社会资本雄厚

广州是全国最大的侨乡都市，广府籍华侨华人数量众多，且以"念祖爱乡、重信明义、敢为人先、团结包容"的"粤侨精神"闻名全国。与其他传统侨乡相比，广州的经济实力最强、辐射范围最广，而与其他相似体量的大都市相比，又是"侨味"最浓、海外华侨华人最多的，因此华侨的特色和优势为城市发展注入独特动力。据不完全统计，广州市有华侨华人、港澳同胞和归侨、侨港澳眷属400多万，其中广州籍海外华侨华人和港澳同胞240多万人，广州市内归侨侨眷、侨港澳眷属约160万人，占广州户籍人口近1/5，海外侨胞遍布亚洲、北美洲、澳洲等地。广州市花都区是省、市重点侨乡之一，拥有独特的巴拿马华侨资源，在巴拿马400余万人口中，旅居的华人华侨超过20万人，其中75%以上的祖籍在广州花都。在花都花山镇、狮岭镇等地方，家家户户都有亲戚朋友在巴拿马，形成了一个个"巴拿马村"。丰富庞大的华侨华人资源为开展国际交往提供了坚实有力的人脉支撑，也在广州经济社会转型的过程中起到了强大的推动作用。

广州通过举办会议洽谈、社团培训、青少年交流、华文教育等各种形式的涉侨活动，面向海外华侨华人推介广州营商环境、文化环境与生活环境，动员侨胞深入参与粤港澳大湾区与广州建设。2019年在广州举办的首届华侨华人粤港澳大湾区大会是党的十九大以来广东首个以"省部合办"（广东省人民政府＋国务院侨务办公室）形式主办的全球性高端涉侨活动，是广东首个以"省市联动"模式专题推介粤港澳大湾区的涉侨活动，也是广东有史以来主办的大型涉侨活动中参会国家和地区数量最多的大会，对于进一步凝聚和发挥侨务资源优势具有重要意义。广州以海外社团为重点对象，面向社团领袖定期举办"广州市海外社团中青年负责人研习班""海外华侨华人社团中青年领袖研习班"等，组织海外侨团领袖全方位、近距离感受广州的发展成就、优越环境与有利政策。白云区、番禺区、花都区等与华侨华人联系众多的重点区域常态化举办旅外乡亲恳亲大会，在广泛团结侨团侨胞侨眷的基础上着重突出各区特色，主动介绍政务服务、政策配套、商业机遇和发展愿景。广州还积极开展各类侨务招商引资、招才引智活动，加强与全球华商、海外人才的沟通交流，在华人社会引起强烈共鸣。

广州始终高度重视涵养海外华侨华人人脉，深交、广交"三新四有"人士，拓展海（境）外广州校友会工作网络，打造熟悉广州、重视乡情的海外华裔新生代队伍。利用广州市海外交流协会、广州市侨商会等平台开展海外联谊，与近 70 个国家和地区的 600 多个华侨华人社团保持友好交往。以增城"侨梦苑"、黄埔"海归小镇"为示范，以港澳台侨青年创新创业基地为载体，为华侨华人在穗就业创业提供强有力的平台支撑。2018 年 11 月，全国首个海归小镇——欧美同学会（广州）生物医药小镇落户广州市黄埔区，布局高新技术产业，计划引进 5 万留学人员，发挥海归人才带动作用。自 1979 年起，广州还在全国率先举行授予"广州市荣誉市民"称号活动，以鼓励和表彰对广州市经济建设、社会公益福利事业和促进广州市与外国的友好关系做出重大贡献的港澳台同胞、华侨和外国人士，截至 2023 年底，已评选十七批次共 462 名荣誉市民，实现人脉资源储备持续扩大和优化。

广州还以华侨博物馆为引领，以华文教育基地、中华文化传承基地、美丽侨村、中国华侨国际文化交流基地等为阵地，推进"中餐繁荣基地""粤菜师傅"海外交流基地等建设，为华侨文化交流展示与中华文化海外传播打造多元化平台。2021 年 7 月 9 日，市级文物保护单位广州华侨博物馆正式开馆，成为全国唯一利用百年老建筑建设的华侨博物馆，为讲好华侨华人故事创建新的展示平台。广州市花都区花山镇、荔湾区西关永庆坊、番禺区沙湾古镇、瓜岭华侨文化古村落等 4 家单位被中国侨联确认为中国华侨国际文化交流基地，多维度呈现深厚的华侨历史文化底蕴。自 2004 年开始，广州以广州市幼儿师范学校为依托，迄今举办十六期"海外华文幼师班"，组织印度尼西亚、马来西亚、泰国、文莱、柬埔寨、缅甸、老挝等东南亚国家 500 多名学员开展丰富多样的文化课程与校外实践，扩大中华语言文化的传播使者队伍。广州还面向不同受众设计推出丰富多元的文化交流活动，例如华裔青少年"广府文化之旅"夏令营、海外华裔青少年"中国寻根之旅"夏令营等，促进新生代文化价值认同。承办"亲情中华"系列活动，连续举办十届广州市侨文化活动日等，全方位增强华人华侨的归属感和凝聚力。

五、高水平服务设施的环境优势

近年来，广州坚持以推动综合城市功能出新出彩为目标指引，在提升交通枢纽门户能级、完善基础设施配套、营造绿色生态文明、优化品质生活环境等方面取得积极成效，为国际交往中心城市建设创造了扎实良好的软硬件条件，营造了"近者悦、远者来"的城市氛围。

（一）交通基础设施日臻完善

广州是集盖海、陆、空各种运输方式于一体的国际性综合交通枢纽，正在持续推进《广州综合交通枢纽总体规划（2018—2035）》，大力构建空港海港铁路港数字港"四港联动"的现代化立体交通体系，主要基础设施包括广州白云国际机场、广州港、铁路枢纽、公路站场及集疏运网络等。广州白云国际机场始建于 20 世纪 30 年代，是国家"空中丝绸之路"的重要国际航空枢纽、粤港澳大湾区核心枢纽机场，空中航线网络覆盖全球 230 多个通航点，近 80 家航空公司在此运营，与国内、东南亚主要城市形成"4 小时航空交通圈"，与全球主要城市形成"12 小时航空交通圈"。2020 年，白云国际机场全年共完成运输旅客 4376.8 万人次，成为全球复苏最快、客流量最大的机场。2021 年、2022 年、2023 年旅客吞吐量继续蝉联国内机场第一，货邮吞吐量居全国第二。在国际机场协会（Airport Council International）公布的全球机场服务质量满意度评价结果中，白云国际机场凭借优质的服务质量在全球 300 余家参评机场中脱颖而出，连续三年排名第一。此外，白云国际机场还接连斩获另一国际航空权威机构 SKYTRAX 颁发的"全球 3500 万至 4500 万旅客吞吐量最佳机场奖""国内最佳机场奖""中国最佳机场员工奖""防疫机场卓越奖""中国最佳机场清洁奖""全球五星航站楼"（T2）等多项荣誉，机场建设水平与服务质量广受好评。

广州拥有广州港、黄埔港、南沙港等多个海运港口，其中广州港是千年海上丝绸之路始发港之一，也是华南最大的综合性主枢纽港和集装箱干线港，是我国华南地区联通世界的重要门户。2023 年，广州港实现货物吞吐量 6.75 亿吨，同比增长 2.91%，全球排名第五位；实现集装箱吞吐量 2541 万标准箱，同比提升 2.24%，全球排名第六位。广州港拥有集装箱航线总数超 200 条，其中外贸集装箱班轮航线超 140 条，班轮航线覆盖国内及世界主要港口，2023 年新增 7 条外贸班轮航线。广州港高度重视与国外重要港口的交流合作，已与 55 个国际港口确立友好港关系，充分利用港口在物流、经贸、信息等方面的集聚效应，推动人员培训、商务推介、技术转化与应用等方面的交流合作。

广州是华南地区最大的铁路枢纽，大力开展以铁路运输为纽带的多式联运业务，建设世界级铁路枢纽。围绕"四通八达、四面八方"的高铁战略通道，实现 1 小时直连湾区、2 小时互通省内、3 小时互达泛珠三角、5 小时联通长三角及成渝城市群。2023 年广州开行中欧班列数量达到 1026 列，增长 56.4%，现已形成"11 出 4 进"15 条常规固定线路，联通西欧、东欧、西亚、中亚、东亚、东南亚等 20 多个国家和地区的约 40 个城市，为 2000 余家外贸企业提供了稳定的国际物流通道。"十四五"时期国际班列争取开行超过 1000 列，形成汇聚全球资源进入湾区、湾区资源通达全球的国内国际循环双通道，持续发挥"广货广出"放射型战略经济走廊作用。聚焦基础设施"硬联通"，综合立体交通网络越织越密，2023 年广州地铁线网总里程达到 653 公里，全年共运送乘客 31.3 亿人次，客流量保持全国城市第一，地铁总运营里程排名全国第三，强大的基础设施承载力加快彰显。

（二）"四季花城"生态环境优美

生态环境是城市经济发展与生活质量的重要标志，对改善人居条件、营造宜业氛围、促进可持续发展具有重要意义。广州素有"花城"之称，城市景观园林建设始终走在全国前列。步入高质量发展阶段，广州愈加重视可持续发展在城市建设中的深远意义。2022 年 7 月，《广州市生态环境保护"十四五"规划》印发，提出到 2025 年"建设青山常在、绿水长流、空气常新美丽广州，建成美丽中国样本城市"，到 2035 年"云山珠水、吉祥花城之美惊艳世界"。2022 年 12 月，广州市委十二届五次全会审议通过《广州市贯彻落实〈中共广东省委关于深入推进绿美广东生态建设的决定〉的行动方案》，进一步强调要坚持推动绿色发展，高质量建设人与自然和谐共生的绿美广州。2023 年出台《绿美广州五年行动计划（2023—2027 年）》，围绕绿化美化和生态建设提出"八大工程"，全方位、全地域、全过程加强生态建设，推动广州林业园林事业进一步提高水平。

近年来，广州在生态文明建设方面取得突出成效，绿色生态和市民生活和谐共融、相得益彰。截至 2021 年底，全市绿化覆盖面积达 157860 公顷，建成区绿化覆盖率从改革开放初的 20% 增加到现在的 43.6%、森林面积净增一倍多，建成区绿地率 38.26%，全力打造立体化生态网络体系。累计建成绿道总里程 3800 千米，生态景观林带 728 千米，建设碧道 609 千米，全面营造森林、水岸等健康生态空间。建成综合公园、社区公园、专类公园、带状公园和街旁绿地等各类公园共 387 个，人均公园绿地面积 17.2 平方米，努力构建"还绿于民、还景于民"的大绿化格局。[①]广州还按照四季主题在全城种植 40 万株开花乔木，2022 年面向全体市民和游客推出《花城赏花全域地图》，"四季花城"美景长盛不衰。广州曾

---

① 数据来源：广州市统计局，《2021 年广州市国民经济和社会发展统计公报》等。

获"国家园林城市""国家森林城市""全国绿化模范城市""全国林业生态建设先进市"等多项殊荣，2001 年荣膺国际花园协会评选的"国际花园城市"称号，标志着广州的"绿色名片"得到国内外广泛认可，也标志宜居、宜业、宜游的城市理念取得丰硕成果。

华南植物园是我国历史悠久的植物学研究机构，包括广州园区和肇庆鼎湖山园区，广州园区由植物迁地保护及对外开放园区（展示区）和科研区组成，2019 年被评为中国最佳植物园。2022 年 5 月 30 日，国务院批复同意依托中国科学院华南植物园设立华南国家植物园，2022 年 7 月 11 日，华南国家植物园正式揭牌。至此，我国已设立并揭牌运行一北、一南两个国家植物园，标志着国家植物园体系建设迈出了坚实的一步。华南国家植物园的植物学、生态学、园艺学科排名全球前 1%，在物种保育、科学研究、科普教育、资源利用等方面综合排名居世界前列。截至 2022 年底，园内保护植物总数达到 1.75 万多种，位列全球前五名，华南国家植物园标本馆与 80 个国家开展标本交换与合作，向着对标世界一流植物园的目标不断迈进。

广州海珠国家湿地公园被誉为"南肾"，占地面积 1100 公顷，是全国特大城市中心区最大的国家湿地公园。凭借优越的生态环境保护举措，海珠湿地公园拥有多种国家重点保护动植物，且植物、昆虫、鸟类、鱼类种群数量不断增加。多年来，海珠湿地公园以优越的生态环境斩获国内外多项荣誉，入选国家湿地公园"四颗明珠"、"广东十大最美湿地"、国际重要湿地，获得广东省湿地保护杰出奖、2016 中国人居环境范例奖，代表中国荣获第 12 届迪拜国际可持续发展最佳范例奖并获城市更新和公共空间最佳实践奖，2021 年获国际风景园林师联合会（IFLA）"亚非中东地区奖"的自然生态类和开放公园类杰出奖两项大奖，2022 年成为全国首家且唯一入选世界自然保护联盟（IUCN）自然保护地绿色名录的国家湿地公园。

除了"南肾"外，构成广州主城区生态屏障的还有"北肺"白云山。近年来，广州环境空气质量持续全面达标，$PM_{2.5}$ 连续 5 年稳定在较低浓度水平，在国家中心城市中保持最优。而作为广州首个"城市生态氧吧"的白云山，空气质量指数优良率高达 92.5%，负氧离子浓度平均每立方厘米达 2000 多个，最高可达 9000 多个。白云山目前共有绿化面积 4.2 万亩，绿化覆盖率已达 95% 以上，每天可吸收 2800 吨二氧化碳，放出 2100 吨氧气，可供近 300 万人正常呼吸。2022 年 12 月，白云山在"岭南生态气候标志·城市生态氧吧"评级中获"优"，其作为生态知名品牌被进一步擦亮。广州充分践行"绿水青山就是金山银山"理念、深入实施美丽宜居花城战略，园林城市、绿色城市、健康城市、生态城市的形象享誉世界。

（三）国际活动配套设施完备

作为国际交往活动汇聚地，广州拥有较为成熟的会议场馆、住宿及餐饮等配套设施服务作为支撑，形成与国际大都市相匹配的综合承载能力。《广州市城市基础设施发展"十四五"规划》强调，广州将全面建成具有全球竞争优势的高质量现代化基础设施体系，为建成具有经典魅力和时代活力的国际大都市提供重要支撑。在国际会议展馆方面，广州拥有白云国际会议中心、越秀国际会议中心、从都国际会议中心、广州国际会展中心（琶洲展馆）等，"多点开花"带动各类会议产业发展，举办高端国际活动的服务保障水平显著提高。其中，广州白云国际会议中心是中国华南地区举办会议展览的专业平台，也是 ICCA（国际大会及会议协会）成员，总面积 32 万平方米，纪念广州开展国际友好城市工作 40 周年大会、全球市长论坛暨第四届广州国际城市创新奖及 2018 广州国际城市创新大会、世界城市和地方政府联合组织世界理事会会议暨广州国际友城大会、首届亚洲能源论坛等高规格会议都曾在此举行。作为白云国际会议中心二期的国际会堂于 2023 年投入使用，标志着广州"会展双强"的转折点，将作为国内顶尖会议场馆打造一流会议综合体。越秀会议中心由广州城投集团和法国智奥会展公司合营，2020 年 10 月开业以来已有 2021 年全球市长论坛系列活动、"读懂中国"国际会议（广州）、"读懂中国·湾区对话"

专题论坛等高端会议在此举办。从都国际会议中心除了每年举办品牌会议"从都国际论坛",还举办了一系列全球各界人士云集的国际对话会,包括全球中小企业领袖峰会、中澳经贸友好交流会议、中国·澳大利亚媒体交流论坛、国际博物馆高峰文化论坛、2014 中澳经济论坛等。广州国际会展中心(琶洲展馆)总建筑面积 110 万平方米,整个琶洲地区会展面积达 66 万平方米,规模居世界第一,连续举办中国历史最长、层次最高、规模最大、商品种类最全、到会采购商最多且分布国别地区最广、成交效果最好、品牌信誉过硬的综合性国际贸易盛会——广交会。

广州拥有一大批高端酒店会议设施,据统计,2022 年全市宾馆酒店总数为 295 家,其中五星级 24 家,四星级 29 家,三星级 61 家,客房总数为 66128 间,床位总数达到 100914 张,能够基本满足承办各类国际会议的住宿需求。[①] 白天鹅宾馆自 1983 年开业至今,共接待包括英女王伊丽莎白二世在内的 40 多个国家的 150 多位元首和政府首脑,连续多年被国际旅游指南等行业知名媒体评为国际商务人士到访广州的首选酒店。酒店拥有 520 间客房与套房及总面积达 2500 平方米的会议场所,符合世界一流酒店组织质量标准。1984 年开业的广州花园酒店是我国改革开放后第一批高端酒店,是第 16 届亚运会官方指定总部酒店,配备来自美国、日本、韩国、印度、俄罗斯、法国、西班牙、哥伦比亚、塞尔维亚等近 20 个国家的职员,是各国驻穗领事馆、在穗世界 500 强企业的重要交流平台。花园酒店以国际一流的美食服务闻名中外,广州亚洲美食节、"博古斯名厨晚宴"等在此举办,并承办了夏季达沃斯论坛"广州之夜"特色主题晚宴、广州《财富》全球论坛酒会服务等。

早在清末,就已流传着"食在广州"的口号。历经百余年发展后,广州于 2010 年成为全国首个获得"食在广州·中华美食之都"和"国际美食之都"双料称号的城市,在 2011 年获评福布斯中国餐饮十大影响力城市,并成为世界美食城市联盟(Delice)中国大陆唯一成员。广州餐饮

---

① 数据来源:《2023 广州统计年鉴》。

业影响力和国际化水平逐步提升，2022 年广州市人均年餐饮消费额超过 6000 元，过去 7 年间广州市餐饮业零售额年均增长率高达 13.3%。2018 年，广州成为继上海之后中国内地第二个受米其林指南青睐的城市，标志着粤菜和广州餐饮受到国际认可。最新发布的 2023 广州米其林指南中，包括 3 家米其林二星、16 家一星、42 家必比登推介等餐厅上榜，给全世界的美食爱好者提供了寻味广州的权威指引。《广州市餐饮业网点空间专项规划（2016—2035）》明确提出，要在 2035 年将广州打造成为"与纽约、东京、巴黎等世界一线城市齐名的，传统广府粤菜与时尚国际餐饮荟萃、特色美食出众与餐饮文化彰显的世界美食之都"。广州既是粤菜的聚集地，也是国内外特色菜系的交流地，结合外籍人口分布情况打造天河南日式美食集聚区、小北非洲美食集聚区、琶洲混合外籍美食集聚区等多个特色片区。广州还将实施"广州美食走世界"行动，以东南亚、美国、加拿大等广府华侨华人旅居地为突破口，支持本地餐饮企业和美食产品"出海"。

近年来，广州还以建设国际消费中心城市为重要目标，依托处于"世界工厂"枢纽中心的产地优势、"千年商脉＋国际商贸中心"的商业优势、国际综合交通枢纽带来的流量优势，打造消费与产业融合发展的示范样本。2021 年 7 月，广州市获批率先开展国际消费中心城市培育建设，成为首批国际消费中心城市中的唯一非直辖市城市、华南城市。2021 年广州社会消费品零售总额首次突破万亿元大关，以固定资产投资、社会消费品零售总额、外贸进出口总额"三个一万亿"支撑起全市 GDP 突破 3 万亿元。2023 年 3 月，《广州市建设国际消费中心城市发展规划（2022—2025 年）》正式发布，明确了构建产业型、流量型、服务型消费体系，提升消费国际化水平等重要方针。广州既拥有 138 家本地老字号企业，品牌享誉国内外，也拥有太古汇、K11 购物艺术中心、天环广场等高端商业综合体，国际一线品牌的首店数量领跑华南地区。首店经济、夜间经济、直播经济等新型消费业态有效拉动内需，树立起全球消费潮流标杆。

六、排名世界前列的声誉优势

全球城市评价排名是把握全球城市发展走势和未来趋向的重要研究工具。作为中国综合实力最强的城市之一，广州始终受到国际城市评价机构的高度关注，在多个国际知名的城市评价排名体系中稳居前列，其中既包括综合性的全球化和世界城市研究网络世界城市分级、科尔尼公司全球城市系列指数、普华永道《机遇之都》《机遇之城》，也包括关注城市发展重点领域的全球金融中心指数、全球创新集群等。（见表2-1）

表2-1　2019—2023年广州在主要全球城市评价中的排名一览

机构	排名	2019年	2020年	2021年	2022年	2023年	排名意义
GaWC	世界城市分级	—	Alpha-（34）	—	Alpha-（34）	—	稳居"世界一线"城市序列
科尔尼	全球城市指数	71	63	60	56	55	稳步提升
	全球潜力城市指数	65	54	34	26	57	大幅上升后有所回落
普华永道	机遇之城	4	3	4	4	4	保持中国"第四城"
Z/Yen（一年两期）	全球金融中心指数	24/23	19/21	22/32	24/25	29/34	排名稳定
世界知识产权组织	全球创新集群	21	2	2	2	2	深圳—香港—广州集群保持全球第二

（一）全球化和世界城市研究网络世界城市分级

全球化和世界城市研究网络（GaWC）发布的"世界城市分级"（The World According to GaWC）是全球城市评级领域的最为重要和权威的研究之一，推出于2000年，2016年起固定为每两年发布一期。世界城市分级研究主要运用联锁网络模型（Interlocking Network Model），用银行、保险、法律、咨询管理、广告和会计等六大"高端生产性服务业"机构在世界各大城市中的分布及业务往来数据为指标，评价城市的全球连通性水平，将重要城市划分为 Alpha、Beta、Gamma 和 Sufficiency 四大类别。世界城市分级对判断和评价一个城市在全球经济网络中的枢纽地位和资源配置能力具有极大的借鉴价值，对于入围城市提升综合国际竞争力，尤其是加强在全球主要城市市场间吸引力和连通性有着重要参考意义。

自 2000 年首次进入世界城市分级评价后，广州在世界城市分级中持续晋级，最高曾到达全球第 27 位（Alpha 级）。在 2020 年、2022 年世界城市分级结果中位列全球第 34 位（Alpha - 级）。过去 20 年间，广州从 Gamma - 持续晋级，直至稳定保持在第一梯队 Alpha 类中，排名从第 109 位上升至第 34 位，无论从排名还是分类看，与上一级城市的差距均在缩减，在全球城市网络中地位持续上升，城市联结全球的范围不断扩大、作用不断提高。

（二）科尔尼公司全球城市系列指数

全球著名咨询公司科尔尼（A. T. Kearney）在世界著名城市发展专家萨斯基娅·萨森（Saskia Sassen）、黎辛斯基（Witold Rybczynski）和彼得·泰勒（Peter Taylor）指导下，组织顶级专业学者和商业顾问联合设计了一套全面评估城市发展持续性的综合指标体系，从 2008 年起发布"全球城市指数"（Global Cities Index），从商业活动、人力资本、信息交换、文化体验和政治参与等 5 个领域的 26 个指标对主要城市在全球范围的吸引力和竞争力进行综合性的全面评估。全球城市指数从 2008 到 2014 年每两年发布一次，2014 年后每年发布一次。入选排名的城市数量由最初 2008 年的 60 个增长到 2023 年的 156 个。2023 全球城市指数入选的中国城市为 31 座，其中北京和香港进入全球前十行列。作为最早进入全球城市指数的 60 座城市之一，广州的排名水平相当于中等发达国家的首都城市或发达国家的重要城市。2019 年以来广州排名表现稳中趋优，突破了过去多年的平稳区间，五年累计上升16位，主要得益于广州在医疗领域和经济复苏中的良好表现，以及在独角兽企业的增长方面具有显著优势。（见表2-2）

表2-2　2019—2023年中国城市在全球城市指数中的排名情况

序号	城市	2019年	2020年	2021年	2022年	2023年
1	北京	9	5	6	5	5
2	香港	5	6	7	10	10
3	上海	19	12	10	16	13
4	广州	71	63	60	56	55
5	台北	44	44	49	51	59
6	深圳	79	75	72	73	73
7	杭州	91	82	80	79	78
8	成都	89	87	88	83	83
9	南京	86	86	90	91	93
10	武汉	104	93	94	92	98
11	天津	88	94	93	95	100
12	西安	109	100	96	100	102
13	苏州	95	98	92	102	103
14	长沙	113	103	102	103	108
15	重庆	105	102	107	107	112
16	青岛	110	105	110	116	116
17	高雄	—	—	109	110	119
18	郑州	119	121	121	120	120
19	济南	—	—	122	118	122
20	宁波	116	122	126	127	126
21	大连	108	118	120	123	128
22	沈阳	118	128	131	129	134
23	哈尔滨	114	126	132	128	135

续表 2 - 2

序号	城市	2019 年	2020 年	2021 年	2022 年	2023 年
24	合肥	—	—	133	138	137
25	昆明	—	—	134	135	138
26	无锡	124	138	144	140	139
27	佛山	125	142	148	144	146
28	泉州	134	144	152	148	148
29	烟台	127	141	149	147	149
30	东莞	128	143	150	150	150
31	唐山	130	145	155	151	152

资料来源：A. T. Kearney, Global Cities Report 2019—2023。

2015 年起科尔尼推出"全球潜力城市指数"（Global Cities Outlook），与全球城市指数合并组成《全球城市报告》，每年更新发布。全球潜力城市指数由个人幸福指数、经济水平、创新能力和政府管理能力等 4 个维度、13 个因素构成，评估城市未来 10 年的发展潜力发展前景和提升其国际地位的可能性。与全球城市指数相较而言，全球潜力城市指数表现的波动性明显更大。在 2023 年的排名中，旧金山凭借在创新维度的突出表现占据榜首，哥本哈根位列第二，前 30 名大多数为欧洲城市。

（三）普华永道《机遇之城》

普华永道（Price Waterhouse Coopers）从 2007 年开始发布名为《机遇之都》（Cities of Opportunity）的全球城市排名研究报告，选择全球 30 个有代表性的区域经济中心城市，通过跨领域、多维度的数据分析考察其排名，为城市管理者和商业投资者把握城市发展机遇、推动全球城市发展提供参考。2014 年开始，普华永道同中国发展研究基金会合作，以《机遇之都》同源性的研究方法分析了中国城市，为我国新型城镇化建设中各项政策的制定和发展路径提供参照和建议，针对中国城市的报告中文命名为《机遇之城》。该系列研究不仅局限于城市的经济发展水平，而是更看重城市中"人"的生活质量，研究的出发点是"如何让城市更好地发展"，这也是中国转向高质量发展阶段必须思考的问题。（见表2-3）

表2-3　2014—2023年中国主要城市在《机遇之城》中的排名变化

年份	北京	上海	深圳	广州
2014	—	—	1	2
2015	—	—	1	2
2016	—	—	2	1
2017	—	—	2	1
2018	1	2	3	4
2019	1	2	4	3
2020	1	2	4	3
2021	1	2	3	4
2022	1	2	3	4
2023	1	2	3	4

资料来源：普华永道，《机遇之城》2014—2023。

2014年《机遇之城》研究启动伊始仅有15座城市入选，2023年已覆盖全国51座城市，广州在中国城市的总维度排名中名列第四。2014年《机遇之城》研究启动伊始仅有15座城市入选，2023年已覆盖全国51座城市，广州在中国城市的总维度排名中名列第四。广州依托高等教育资源优势，取得智力资本维度第一的位次，主要得益于高等教育规模指标排名上升至第一位以及企业R&D经费指标的排名上升；在技术与创新维度排名保持第二，特别是在数字化治理和数字经济指标等方面表现突出；同时，广州作为区域的门户枢纽，在区域重要城市维度排名保持第二，继续保持强大的国际辐射影响力。广州还在可持续发展维度排名第三，宜商环境维度中的快递物流指标保持第一，体现出广州作为国际大都市拥有较好的便利性和高度宜居的生活体验。

（四）英国 Z/Yen 集团全球金融中心指数

Z/Yen 集团"全球金融中心指数"（Global Financial Center Index）是国际金融业使用最广泛的、最权威的针对金融中心城市的评价体系。英国 Z/Yen 集团是世界著名商业性智库，于 2007 年开始与伦敦金融城合作发布"全球金融中心指数"，每半年更新一次，以显示金融中心竞争力的发展与变化。2016 年 7 月，中国（深圳）综合开发研究院（CDI）与 Z/Yen 集团建立了战略伙伴关系，共同开展该指数研究。全球金融中心指数采用定量和定性两种分析方法，从营商环境、人力资本、基础设施、金融业发展水平、城市声誉五大维度对全球金融中心城市进行定量分析，每个维度下设四个主要因素并细分 101 个特征指标，同时引入金融专业人士的网络问卷调查结果，将数据性指标与主观评价相结合，更能反映当前全球金融竞争力的发展现实。2023 年第 34 期观察城市范围小幅扩大，共有 121 个城市入选榜单范围（见表 2-4）。

表 2-4　2019—2023 年广州在全球金融中心指数中的表现

年份	报告	排名	问卷反馈（份）	指标得分
2019	第 25 期	24	438	708
	第 26 期	23	849	711
2020	第 27 期	19	1309	714
	第 28 期	21	1903	710
2021	第 29 期	22	1919	794
	第 30 期	32	1535	677
2022	第 31 期	24	1544	681
	第 32 期	25	1331	704
2023	第 33 期	34	1487	779
	第 34 期	29	1717	806

资料来源：Z/Yen，China Development Institute（CDI）：*The Global Financial Centres Index*，25th - 34th edition。

广州金融业保持稳健发展，行业规模稳步扩大，被列入"稳定发展的金融中心"行列，中国城市中仅有香港、广州、深圳三座城市入选。在全球前 15 个声誉优势中心城市中，广州从 2022 年第 32 期的第 9 位上升到 2023 年第 34 期的第 3 名，表明近几年活跃的国际金融交流合作取得良好成效。广州金融环境较为均衡，近年来建设金融中心的实践已经受到国际较高认可。

（五）世界知识产权组织"全球创新集群"

世界知识产权组织、康奈尔大学、欧洲工商管理学院于 2007 年共同创立全球创新指数（Global Innovation Index），每年度发布一期，旨在帮助各经济体评估其创新表现，为制定创新政策提供指导，同时营造聚焦创新的全球氛围。自 2017 年起，世界知识产权组织开始对全球排名前 100 位的科技集群城市进行跟踪分析，发布"全球创新集群"排名，研究次国家层面创新表现的决定因素。在世界经济复苏缓慢、高利率和地缘政治冲突等造成的不确定性背景下，2023 年全球创新指数跟踪评估了 132 个经济体的创新表现，中国创新能力综合排名第 12 位，位居 33 个中高收入经济体之首。报告显示，目前全球五大顶级科技集群全部位于东亚，中国占据三席，此外中国现拥有 24 个全球顶级科技集群，成为拥有最多科技集群的国家。（见表 2 - 5）

表 2 - 5　2019—2023 年中国创新集群在全球百大创新集群中的排名情况

序号	集群名称	2019 年	2020 年	2021 年	2022 年	2023 年
1	深圳 - 香港 - 广州	2（广州21）	2	2	2	2
2	北京	4	4	3	3	4
3	上海 - 苏州	11（上海）	9（上海）	8（上海）	6	5
4	南京	25	21	18	13	11
5	武汉	38	29	25	16	13
6	杭州	30	25	21	14	14

续表 2-5

序号	集群名称	2019 年	2020 年	2021 年	2022 年	2023 年
7	西安	47	40	33	22	19
8	青岛	80	69	53	34	23
9	成都	52	47	39	29	24
10	台北－新竹	43（台北）	27	28	26	27
11	天津	60	56	52	37	36
12	长沙	67	66	59	41	37
13	合肥	90	79	73	55	40
14	重庆	88	77	69	49	44
15	哈尔滨	87	80	75	56	53
16	济南	89	82	76	61	55
17	长春	93	87	81	63	58
18	沈阳	—	—	90	68	63
19	大连	—	—	97	72	69
20	郑州	—	—	—	83	75
21	厦门	—	—	—	91	80
22	兰州	—	—	—	100	82
23	镇江	—	—	—	—	89
24	无锡	—	—	—	—	93
25	福州	—	—	—	—	94

资料来源：世界知识产权组织《全球创新指数报告》2019—2023。

　　在往期排名中，广州作为一个单独的创新集群，连续取得大幅进步，2017 年至 2019 年从第 63 位跃升至第 21 位。由于广州与深圳、香港的科研合作紧密度日益呈现一体化特征，充分凸显粤港澳大湾区优势，大大增强了集群的创新实力，2020 年起，报告将广州加入深圳—香港集群，组成深圳—香港—广州集群，连续给予全球第二、国内第一的评价。深圳—香港—广州集群与东京—横滨集群的差距逐年缩小，且无论是在专利申请量（PCT）还是科学出版物数量的增速都呈逐年扩大的趋势。倘若持续保持这一趋势，深圳—香港—广州集群有望在几年之内赶超东京—横滨集群。而在英国《自然》增刊发布的另一排名"自然指数－科研城市"榜单中，广州也于2022年成功跻身全球科研城市前十强，2023年跃升至全球第八，充分表明广州在科技创新与研究领域取得的成就赢得了世界瞩目。

综合来看，广州作为全球城市网络中具有重要国际影响力的区域性枢纽城市，其地位不断被巩固，基本进入世界城市体系划分中的第一层级，步入全球城市的发展轨道。尤其是近10年来，广州在坚实的经济基础上均衡发展，综合实力强劲，国际交通枢纽和国际交往能力突出。广州的未来发展潜力也得到了主要全球城市评价机构的一致认可，这意味着其将代表中国城市不断走向世界舞台的中央，承担起城市国际交往的先行引领、创新示范角色。

第三章

广州建设国际交往中心城市的现有成就

党的二十大报告鲜明提出新时代新征程党的使命任务，擘画了以中国式现代化全面推进中华民族伟大复兴的宏伟蓝图，明确指出高质量发展是全面建设社会主义现代化国家的首要任务。推动高质量发展也是习近平总书记对广东、广州一以贯之的重要要求，为新时代广州不断开创改革发展新局面提供了强大动力和根本遵循。广州作为国家中心城市、祖国的"南大门"、粤港澳大湾区区域发展核心引擎，在现代化建设全局中地位特殊、作用突出、举足轻重，在国家总体外交大局中扮演重要角色。2016年8月，中共广州市委十届九次全会首次提出，广州将加快建设我国重要的国际交往中心城市。2018年5月，《广州建设国际交往中心三年行动计划（2018—2020年)》出台，首次以文件形式从全市层面明确广州国际交往中心建设的总体要求、重点任务与保障措施。2021年7月，《广州建设国际交往中心"十四五"规划》出台，为"十四五"时期进一步推进国际交往中心建设，不断提升城市国际影响力、竞争力提供有力支撑。围绕高质量发展这一首要任务和构建新发展格局这一战略任务，广州紧抓粤港澳大湾区建设、南沙开发开放等重大机遇，以建设国际交往中心城市赋能老城市新活力、"四个出新出彩"，在推进中国式现代化建设中书写广州实践、展现广州作为。

一、巩固会议平台，国际交往载体不断强化

作为我国改革开放的前沿阵地，广州拥有举办国际会议的扎实基础，也具有起步早、能力强、举办数量多、类别全等优势。通过举办多边交往类、本地品牌类、国际轮办类等不同类型的重大会议活动，广州成功提高了国际显示度与曝光度，在世界城市舞台上发出广州声音。

（一）多边交往会议创造世界对话窗口

近年来，广州积极发挥地方外事在国家总体外交的中的积极作用，服务国家总体外交保障能力显著提升。2022 年 5 月，应邀访华的联合国人权事务高级专员巴切莱特在广州大学发表演讲，习近平主席在北京以视频方式会见巴切莱特。同年 8 月，亚非发展中国家常驻日内瓦使节代表团到广州访问，王毅同志以视频方式会见，广州向国际社会立体生动地展示了中国促进保护人权取得的重要成就。2023 年 3 月 27 日，新加坡总理李显龙抵达广州，开启 2019 年以来首次访华之旅的第一站。2023 年 3 月 31 日，菲律宾前总统阿罗约率菲青年学生代表团到访广州，充分感受"花城"海纳百川、广交天下的国际大都市气度。2023 年 4 月 7 日，习近平主席在广州松园同法国总统马克龙举行非正式会晤。马克龙在推特上发布了一段珠江边猎德大桥的灯光秀视频，并用中文和法文表达了对广州的感谢："谢谢你，广州。法中友谊万岁！"除举世瞩目的主场外交活动，举办多边交往会议也是广州开启对外交流、链接世界资源的重要平台。2020 年以来，广州共举办重要国际会议活动 100 多场，习近平总书记多次向在广州举办的重大国际会议活动发来贺信或视频致辞。其中，成功形成了"读懂中国"国际会议（广州）、从都国际论坛和全球市长论坛等多边交往会议品牌，高端国际会议目的地地位不断彰显。

"读懂中国"国际会议是由中国国家创新与发展战略研究会、中国

人民外交学会同21世纪理事会发起的，旨在搭建中外交流与对话平台的重要国际活动，已经成为世界了解中国发展战略最具影响力的平台之一。自2019年以来，会议每年连续在广州举办，助力将广州打造成世界读懂中国、读懂中国共产党的城市窗口。2019年"读懂中国"广州国际会议是该品牌首次在北京以外的城市举办，形成"一南一北"相互呼应的格局。习近平主席在北京会见了出席会议的外方嘉宾并向会议发来贺信，强调希望各国加强同中国的交流，切实增进中外相互了解和认知。2020年"读懂中国"国际会议（广州）邀请到20多个国家和地区共约150名国际嘉宾出席，再次令"读懂中国"为广州留下"全球智慧"。2021年会议吸引全球政治家、学者、企业家、外国驻华使节、国际组织和跨国公司驻华代表共计600余人参会，会议规格及外方参会人数再创新高。2023年特别策划"读懂中国·湾区对话"专题论坛，围绕"中国式现代化和世界新机遇"主题展开深入研讨。"读懂中国"平台每年以广东广州为窗口多维度展示中国、解读中国，持续传递中国和平发展与世界携手合作的时代强音。

从都国际论坛是由中国人民对外友好协会、澳大利亚中国友好交流协会共同主办的国际性会议，是中国境内重要的民间外交及国际交流平台，2015年经中国政府批准正式创立。从都国际论坛地点设于广州从化从都国际会议中心，2016年至今先后聚焦"一带一路框架下：包容、可持续发展和可抵御风险的城市""全球治理与中国主张""改革开放与合作共赢""多边主义与可持续发展""多边主义2.0：后疫情时代的全球合作"等主题，以深入探讨世界和平、经济发展和文化交流等重要议题为宗旨，凝聚各方共识，推动区域和全球合作。2019年12月3日，习近平主席在人民大会堂会见出席从都国际论坛的外方嘉宾，强调各国应承担起各自使命责任，开展建设性对话，为实现构建人类命运共同体这一宏伟目标发挥正能量。2021年论坛由习近平主席视频致辞，形成成果文件《从都宣言》，对于多边主义在全球合作中的重要作用达成广泛共识。通过从都国际论坛这扇"广州之窗"，国际社会得以从不同视角进一步观察和感受中国，交流全球治理智慧，为建设和平、包容和可持续的未来秩序携手共进，各尽其能。

全球市长论坛是由中国人民对外友好协会与广州市人民政府在广州国际城市创新奖的基础上联合发起，为全球城市创设一个层次更高、覆盖面更广、成效更好的城市发展经验交流和创新合作平台。2018 年 12 月 6 日至 8 日，以"全球开放，包容创新"为主题的全球市长论坛与第四届广州国际城市创新奖及 2018 广州国际城市创新大会同步举办，围绕城市治理相关热点话题进行讨论交流。2021 年 11 月 8 日至 12 日，以"结伴同行，推动全球城市治理现代化"为主题的 2021 年全球市长论坛、世界大都市协会第十三届世界大会和第五届广州国际城市创新奖 3 个大型活动同期举办，6 天会期中共设活动 24 场，进一步凸显广州在引领城市治理新方向、新路径中的重要角色。2023 年 12 月 7 日至 9 日，2023 年全球市长论坛暨第六届广州国际城市创新奖系列活动举行，37 个国家 65 个城市及 9 个国际组织代表逾 800 名嘉宾参会，推动构建高质量城市伙伴关系，共创全球城市发展新时代。

（二）本地品牌平台开拓全新发展空间

广州将引进会议与培育品牌相结合，倾力打造了中国广州国际投资年会、国际金融论坛全球年会、亚洲青年领袖论坛等本地品牌活动平台，创设国际关注新议题，打开国际交往新空间。（见表 3 - 1）

表 3 - 1　近年来在广州举办的主要国际会议一览

会议类型	会议名称
重大多边交往会议	"读懂中国"国际会议（广州）、从都国际论坛、全球市长论坛、2015 年亚洲相互协作与信任措施会议首届特别工作组和高官委员会会议等
国际组织机构或行业协会会议	世界大都市协会第十三届世界大会、世界城地组织 2020 年广州世界理事会会议、2020 年世界大都市协会广州特别全体大会、2019 年世界港口大会、2018 年世界航线发展大会、2017 年广州《财富》全球论坛等

续表 3 - 1

会议类型	会议名称
中国与区域国际合作类会议	2016 年第二届对非投资论坛、2015 年"中非产能合作论坛—聚焦东非三国"会议、2012 年第三届中阿新闻合作论坛等
中国掌握主导的高端会议	中国法治国际论坛（2019）、国际金融论坛全球年会、《财富》全球科技论坛、大湾区科学论坛、世界生态设计大会、世界 5G 大会、中国生物产业大会、世界超高清视频产业发展大会、粤港澳大湾区全球招商大会等
广州创设或发起的品牌会议	中国广州国际投资年会、亚洲青年领袖论坛、黄埔国际财经媒体和智库论坛、官洲国际生物论坛、小蛮腰科技大会、珠江国际贸易论坛等

国际金融论坛（IFF）是 2003 年 10 月由中国、美国、欧盟等 20 多个国家和地区及 78 名相关国际组织代表共同发起成立的非营利、非官方独立国际组织，总部设在中国，是全球金融领域高级别常设对话、交流和研究机构。经过二十年的发展，已经成为全球金融领域集战略对话、交流合作、实践创新、全球智库、人才培育五大功能为一体的国际知名组织，被联合国秘书长誉为全球金融领域的"F20（Finance20）"。IFF 自 2003 年起每年定期召开全球年会，2017 年将永久会址项目正式落户南沙，并与广州市南沙区共同打造南沙国际金融岛，成为广州吸引全球高端金融资源和要素的新平台。2023 年国际金融论坛 20 周年全球年会围绕"'新资本、新价值、新世界'：全球经济碎片化下的重振与合作"主题，来自联合国、国际货币基金组织、世界银行、亚洲开发银行、国际清算银行等国际组织领导人以及全球政商学界的数百位代表聚焦世界经济最新趋势，为全球经济发展建言献策。

中国广州国际投资年会创办于 2015 年，紧扣每年经济热点和前沿话题，为国内外经济精英提供高层对话、探讨合作、共商发展的重要平台。创办以来，中国广州国际投资年会积极向境内外投资者宣传广州市场化、法治化、国际化投资环境，为广州乃至全球经济增长注入新动力和新活力。2021年第七届年会首次在特拉维夫、硅谷、海德堡、奥克兰、新加坡、波士顿等地设置海外分会场。2022年第八届年会与首届全球独角兽CEO大会同期举办，2023年第九届年会配套举办福布斯中国创投高峰论坛，形成更强的规模效应。借助中国广州国际投资年会搭建的重要平台，企业可有效链接国内国际"双循环"，有力撬动国内国外两个市场，获得更加广阔的发展空间。

亚洲青年领袖论坛是由中国公共外交协会、中国和平发展基金会、广州市人民政府、亚洲青年领袖联合会共同主办的大型国际会议，是亚洲各国青年深化友谊、交流思想、增进合作的国际交流平台。首届论坛于2021年举办，联合国前秘书长潘基文、菲律宾前总统阿罗约视频致辞，邀请亚洲各国约300位具有出色成就和影响力的杰出青年以线上线下融合方式参会。2023年第二届亚洲青年领袖论坛期间，与会各国青年嘉宾围绕高质量发展、健康医疗、环球趋势、金融投资、粤港澳大湾区合作发展、中国—阿联酋青年领袖对话等议题进行深入探讨，并特别设立中国和平发展基金会"亚洲的孩子"专项基金，促进亚洲公益慈善事业发展，打造亚洲青年领袖朋友圈。

（三）承办国际会议搭建行业合作载体

广州热情欢迎重要国际机构和行业协会等来穗办会，近几年来承办了《财富》全球论坛、世界港口大会、世界航线大会等知名国际会议，在"家门口"搭建起本地各行各业与国际对话合作的平台。

《财富》全球论坛由美国时代华纳集团所属的《财富》杂志于1995年创办，每16～18个月选择一个国际热门城市举行一次，论坛邀请全球行业领军人物共同探讨全球经济所面临的问题。2017年12月6日至8日，广州《财富》全球论坛成功举办，成功打造《财富》全球论坛历史上规模最大、企业总数最多、最具显示度和影响力的一次世界盛会，尽显广州连通中国与世界的强大凝聚力、吸引力和竞争力。2017广州《财富》全球论坛以"开放与创新：构建经济新格局"为主题共举办55场活动，习近平主席致贺信，加拿大总理贾斯廷·特鲁多等6名外国政要及前政要出席会议，共计1100多名国内外嘉宾参会。此届《财富》全球论坛共吸引参会企业388家，世界500强企业152家，参会的世界500强企业数量和与会嘉宾数量都突破论坛历史最高纪录。在《财富》全球论坛筹备前期，广州还在北京、巴黎、香港、纽约、华盛顿、东京、新加坡、台北、芝加哥、慕尼黑、伦敦、上海、旧金山等13个全球顶尖城市精心策划开展《财富》全球论坛路演宣传推介，把《财富》全球论坛路演年转化为城市精准推广营销年，充分展示广州创新、开放、文明的城市特质，为城市国际化建设创造了空前的新机遇。

世界航线发展大会是全球唯一由机场、航空公司、政府机构及相关行业决策者共同参与的国际盛会，1995年召开首次会议，此后每年举办一届，旨在给机场和航空公司提供一个互相交流的平台。2018年9月16日至18日，第24届世界航线发展大会在广州召开，吸引了来自全球115个国家和地区的300多家航空公司、700多家机场管理机构、130多家政府及旅游机构等逾3500名嘉宾代表参会，会议规模创历届大会之最。此届世界航线发展大会主题为"汇聚广州·连通世界"，业界嘉宾为广州乃至全球城市的连通发展建言献策。大会为广州提供一个向全球航空业展示城市特别是展示空港经济区的契机，成为促进广州航线网络发展的重要机遇。大会期间，广东省机场集团与南方航空、东方航空、埃塞俄比亚航空、西伯利亚航空等7家航空公司签署航线开发合作备忘录，旨在开通广州至马德里、米兰、圣彼得堡、伊斯兰堡等多条国际航线，进一步强化广州在国内乃至亚洲地区的机场竞争力。

世界港口大会由国际港口协会发起，每两年举行一次，被誉为国际港航界的"奥林匹克"盛会，对带动港航业经济发展、促进港口城市合作起着至关重要的作用。2019年5月6日至10日，第31届世界港口大会在广州成功举办，这是该大会继2005年在上海举办后第二次由中国城市举办。本届大会以"港口与城市——开放合作，共享未来"为主题，来自全球 50 多个国家和地区的近 1200 名代表与会，其中境外嘉宾达 307 人，参会规模为历届之最。全球港航界人士及经济界代表围绕中国港口区域经济发展、海运与港口物流业前沿问题等贡献智慧和方案，为全球港航和经济发展献计献策。大会期间，广州港与 8 个国际港口签署（续签）友好港，与相关港航企业签署"绿色港航""大湾区 5G 港口创新中心"战略合作框架协议。世界港口大会的成功举办向国际社会全面展示了广州国际航运枢纽建设和对外开放合作所取得的突出成就，有效提升了广州城市和港口的国际知名度。

二、参与国际组织，国际交往网络日益拓展

广州在参与国际组织领域创下多个"第一"：首创以中国城市命名的国际奖项——广州国际城市创新奖（简称"广州奖"），首创国际城市间综合性国际会议——全球市长论坛，第一个代表中国城市担任重要国际城市组织主要领导席位——世界大都市协会（World Association of Major Metropolises）主席城市，第一个向联合国提交可持续发展目标地方自愿陈述报告，等等，在各领域都取得了极为丰硕的交往成果，先进实践走在全国城市前列。

（一）在城市间国际组织中发挥引领作用

相较于国家间国际组织，广州最大的特点和优势是在参与世界主要的城市间国际组织实践上走在前列，且较早开始在城市间国际组织中担任领导角色。广州于 1993 年加入世界大都市协会，成为我国最早加入该组织的城市，并于 2014 年当选为世界大都市协会首任联合主席。2019 年，世界大都市协会亚太区办公室落户广州，激活广州在带动亚太地区城市经验共享中扮演的领航角色。2020 年 11 月 30 日，2020 年世界大都市协会广州特别全体大会以线上视频形式举行，来自全球各地的 141 个会员城市代

表们共同见证广州当选世界大都市协会主席城市，这是中国城市首次出任该协会主席职位。2021年11月，世界大都市协会第十三届世界大会在广州开幕，这是该组织三年一届层次最高、意义最重大的国际会议，也是首次由中国城市承办该会议。在2022年6月举办的世界大都市协会第十四届世界大会暨布鲁塞尔城市峰会上，广州市成功连任世界大都市协会联合主席城市，并继续承担协会亚太区办公室职责。

较早起步为广州参与国际组织注入了明显的先发优势，广州在世界城地组织中同样担任重要领导角色。2007年至2019年，广州连任四届世界城地组织联合主席城市，2019年当选世界城地组织亚太区联合主席城市兼地方政府妇女委员会主席城市，深入推进与亚太地区会员城市的合作，特别是在妇女儿童事业领域的交流合作，将妇女儿童远程医疗试点项目正式纳入合作框架。2020年以来，广州连任世界城地组织执行局及世界理事会成员城市，持续参与并支持城地组织活动，助力地方落实联合国可持续发展目标。在城市间国际组织中的活跃角色为广州建设国际交往中心城市开辟了关键性平台，也使广州成为我国城市参与国际组织的"排头兵"。（见表3－2）

广州参与的城市国际组织类型多样，涉及领域广泛，既包括世界城地组织、世界大都会协会这样的综合性城市国际组织，也积极与聚焦某一特定议题或行业领域的国际组织及跨国机构建立联系，如聚焦气候议题的C40城市气候领导联盟，旅游议题的亚太城市旅游振兴机构和世界旅游城市联合会，文化议题的世界城市文化论坛，乃至照明行业的国际灯光城市协会等，无不是所属领域具有顶级权威的国际组织机构。广州也是多家国际组织的创始成员，在我国城市参与国际组织中扮演了名副其实的"领头雁"角色。

表 3 - 2　广州参与的主要国际组织情况（2023 年 12 月）

组织名称	会员资格	成立时间	现总部所在地	品牌活动	城市会员总数	中国会员城市数量	广州参与情况	备注
世界大都市协会（METROPOLIS）	人口超过100 万的全球大型城市	1985 年	西班牙巴塞罗那	每三年举办世界大都市协会世界大会，每两年联合举办"广州国际城市创新奖"	155	33	1993 年 9 月正式加入，1996 年被推选为董事会成员城市，2014 年起连任两届联合主席城市，2019 年亚太区办公室连任，2023 年成功连任世界大都市协会联合主席城市	—
世界城市和地方政府联合组织（UCLG）	全球城市和各级地方政府	2004 年	西班牙巴塞罗那	每三年评选"UCLG和平奖"，每两年联合举办"广州国际城市创新奖"	1000＋	28	2007 年以来连任四届联合主席城市，2019 年当选亚太区主席城市，兼任地方政府妇女委员会主席城市，2020 年以来连任世界理事会成员城市	目前最大的地方政府国际组织，被誉为"地方政府联合国"
C40 城市气候领导联盟	全球特大城市	2005 年	英国伦敦	每两年举办 C40 市长峰会，每年评选"C40 城市奖"	96	13	2015 年 9 月正式加入，2019 年获评"城市奖"	—

续表 3 - 2

组织名称	会员资格	成立时间	现总部所在地	品牌活动	城市会员总数	中国会员城市数量	广州参与情况	备注
亚太城市旅游振兴机构（TPO）	城市政府，非营利及非政府团体和企业	2002年	韩国釜山	每两年举办亚太城市旅游振兴机构论坛	132	29	2004年成为创始会员，2009年以来连任四届会长城市	—
世界旅游城市联合会（WTCF）	世界著名旅游城市及旅游相关机构	2012年	中国北京	每年举办香山旅游峰会，评选世界旅游城市联合会"香山奖"	164	32	2012年成为首批会员，2016年当选为WTCF第二届理事会成员单位	世界首个以城市为主体的全球性国际旅游组织
国际灯光城市协会（LUCI）	城市会员和联合会员（协会、公司、高校及照明行业人士等）	2002年	法国里昂	每年举办"显微镜下的城市"主题会议，里昂灯光论坛，2013—2016年评选"城市·人·灯光"奖；2011年起举办广州国际灯光节	68	3	2013年11月举办国际灯光城市协会年会	世界最大的灯光照明行业城市国际组织
世界城市文化论坛（WCCF）	城市会员	2012年	英国伦敦	每年举办年会	43	6	2019年10月加入	世界最大的城市文化协作网络

城市气候领导联盟（Cities Climate Leadership Group，简称 C40）于 2005 年由英国伦敦市发起成立，致力于推动全球城市减少温室气体排放、积极应对气候变化、提升城市居民健康和福祉，目前成员覆盖了全球近百座大城市。广州加入 C40 以来，主动提供本地先进环保案例，为世界其他国家和地区提供经验借鉴。2019 年 C40 城市气候领导联盟市长峰会评选"气候适应性、绿色移动、可再生能源、全民参与、洁净空气、革新性改变、绿色科技"共 7 个类别的"城市奖"，广州在城市交通系统中推广和应用超过 1.1 万辆纯电动公交车以及设置 4000 个充电桩，因而在"绿色科技"奖项评比中脱颖而出，成为唯一获奖的中国城市。在 2022 年 10 月举办的第八届 C40 全球市长峰会上，广州应邀参加"联合应对气候危机"主题论坛，向世界其他城市介绍实现绿色高质量发展、落实联合国气候议程等方面的经验及成就。

世界城市文化论坛（World Cities Cultural Forum，简称 WCCF）是全球最大的城市文化协作网络，2012 年由伦敦、纽约、上海、巴黎、东京、悉尼、约翰内斯堡和伊斯坦布尔等城市共同成立，通过联合研究、峰会论坛及文化活动，鼓励城市共享文化、知识与经验，探讨文化在城市中的作用以及应对挑战的策略，目前有 43 个世界主要城市参与。广州于 2019 年 10 月正式加入世界城市文化论坛，成为第 39 个会员城市，并由广州市社会科学院承担世界城市文化论坛广州秘书处工作，积极参与论坛交流，共享城市文化发展经验。

广东是全国照明行业基地，照明产品占据全国 70% 份额。基于产业优势，广州市政府与国际灯光城市协会联合发起广州国际灯光节，作为中国第一个由城市主办、企业承办、市场化运作，集光影科技、艺术演绎与节能环保理念为一体的大型国际性灯光盛会，并成功打造为与法国里昂灯光节、澳大利亚悉尼灯光节相并列的世界三大灯光节之一，推动广州文化旅游业以及 LED 等低碳节能照明产业的可持续发展。自 2011 年起，广州国际灯光节已连续举办 12 届，联合国教科文组织把广州国际灯光节选入 2015 年"国际光年"大型文化活动，并在"国际光年"官网进行了特别推荐。

（二）发起广州国际城市创新奖系列活动

广州充分结合自身优势资源，与所加入的国际组织合作创设各类活动。广州奖的设立是其中最有成效的一项创新实践，为推动国际城市治理创新贡献了重要力量。自 2011 年 6 月开始，广州与世界城地组织和世界大都市协会联合创设广州奖，成为促进城市多边交往和改善全球城市治理的一项首创性突破。广州奖旨在秉承公开、公正、独立和非营利性的原则，由国际专家组成评审团并独立运作，每两年举办一次评选活动，表彰全球城市和地方政府在公共服务、组织管理、社会参与、智慧城市和可持续发展等领域的杰出实践，获得了国际城市创新领域"诺贝尔奖"的美誉。自 2012 年首届广州奖举办以来，每届参评城市均覆盖超过 50 个国家和地区，迄今已经积累了创新城市管理、推动可持续发展的 1600 多个优秀案例，为全球城市发展带来重要借鉴。2014 年第二届广州奖增设"网络人气城市""媒体关注城市"和"公众推荐城市"3 个奖项，成功提升国际知名度和参与度。第三届广州奖推出"一奖一会一节"举办模式，同期举办广州国际城市创新大会与广州国际创新节，打造国内外创新领军人物智慧交流盛会。2018 年第四届广州奖同步举行全球市长论坛，成为地方治理层面首个由中国主导的全球性高端论坛。2021 年第五届广州奖共有来自 60 个国家和地区 175 个城市的 273 个项目参评，反映了全球对城市治理创新的持续关注。2023 年第六届广州奖参评城市和项目数量再创新高，并首次汇编中国城市优秀案例，助力中外城市携手推进落实全球发展倡议。（见表 3-3）

表3－3　历届"广州奖"获奖城市及项目

届次	城市	项目名称
第一届（2012年）	土耳其科亚里	地震监测和地震教育中心项目
	加拿大温哥华	理想温哥华：打造全民的宜居可持续空间
	韩国首尔	健康首尔－儿童和青少年网瘾预防项目
	马拉维利隆圭	城市导师计划
	奥利地维也纳	融入新移民项目
第二届（2014年）	哥伦比亚安蒂奥基亚	教育园区
	新西兰基督城	过渡性城市规划：我们行远前进的城市
	英国布里斯托尔	智慧城市
	中国杭州	公共自行车系统
	塞内加尔达喀尔	达喀尔市财政计划
第三届（2016年）	韩国松坡	太阳能共享发电厂
	埃及卡柳比亚	基于社区的综合固体废物管理项目
	玻利维亚拉巴斯	斑马：市民文化项目
	丹麦哥本哈根	气候适应性社区
	美国波士顿	青年引领变化：青年参与预算
第四届（2018年）	美国纽约	全球愿景丨城市行动
	土耳其梅赛特里	女性生产者市场
	墨西哥瓜达拉哈拉	市民主导型大都市协调机制
	意大利米兰	米兰粮食政策：促进城市粮食体系可持续性与包容性的创新架构
	中国武汉	城市废弃垃圾场的"重生"——生态修复弥合社会鸿沟
第五届（2021年）	奥地利维也纳	激励儿童和青年加入城市决策和管理
	中国重庆	处理疫情城市医疗废弃物的应急解决方案
	厄瓜多尔基多	都市区生态效益工具
	黎巴嫩丹尼区	抗击疫情的应急响应计划
	塞内加尔圣路易斯	地方政府跨市红树林养护项目
第六届（2023年）	中国咸宁	儿童友好型校园周边交通安全建设
	乌干达坎帕拉	"清洁自己"应用程序助力坑道清空服务
	韩国光州	社区人文杯
	希腊哈兰德里	水设施跨古迹再生项目
	哥伦比亚波哥大	家庭关爱系统

广州奖旨在打造地方政府实施可持续发展目标的知识库、实验室和研究中心，广州奖案例库已经形成一个涵盖基础设施和公共服务、城市规划和治理、信息技术、韧性城市、社会包容和性别平等多个领域的内容宝库。为推动广州奖充分对接新城市议程和联合国可持续发展目标，多次在联合国人居大会、世界城市论坛及联合国可持续发展高级别政治论坛等重要会议上举办广州奖主题边会，彰显广州在创新国际城市治理体系中的担当。2020 年 10 月 6 日，联合国人居署上线城市议程平台（Urban Agenda Platform），以评估各国在执行《新城市议程》、实现 2030 年可持续发展目标方面取得的进展。广州奖的入围城市案例被纳入"城市最佳实践数据库"（Urban Best Practices Database），成为广州奖助力《新城市议程》和可持续发展目标本地化的又一进展。

国际城市创新领导力研讨班是广州奖框架下的重要活动之一，旨在充分利用广州奖的合作交流平台和参评案例，宣传推广广州在城市创新治理领域的最新成果，进一步加强城市治理的国际交流合作。自 2015 年以来，广州连续举办 4 期国际城市创新领导力研讨班，吸纳 200 余名城市管理者、国际组织官员及城市创新领域知名人士等参与，成功推动全球城市管理和建设者在城市创新方面的学习分享和能力建设。2019 年、2021 年，广州国际城市创新奖成果展先后以线下线上形式展出，向公众展示历届广州奖积累的丰富经验成果，同时展现广州多元的城市文化和城市魅力，为市民普及城市创新理念。2022 年 12 月，2022 年国际城市创新领导力研讨会暨广州国际城市创新奖十周年庆祝大会成功举办，来自全球 50 多个国家和地区超过 100 个城市代表、国际组织代表、专家学者通过线上线下方式参会，围绕"创新引领，共创城市美好未来"主题，回顾广州奖过去 10 年的发展历程，共同探讨创新引领城市转型。为了更好地挖掘广州奖案例的研究价值，广州奖办公室还与全球研究机构合作，形成了《全球城市创新趋势报告》《第五届广州奖地方实施可持续发展目标报告》《全球城市创新评价体系中期报告》等系列成果，面向全球隆重发布，帮助各国深刻洞察城市创新治理的规律与启示。

（三）与联合国专门机构开展高端交流

近几年来，广州加大与联合国交流力度，与联合国人类住区规划署，世界粮食计划署，联合国教育、科学及文化组织，联合国工业发展组织，世界银行等领导机构及专门机构建立了多个务实合作项目，深入探索城市可持续发展之路。

可持续发展是破解当前全球性问题的"金钥匙"，中国正在与世界各国共同努力推动《2030 年可持续发展议程》。2018 年以来，全球多个知名城市启动了联合国 2030 年可持续发展目标地方定期评估和自愿陈述工作，总结当地可持续发展进程与经验。经外交部批准，广州于 2020 年 2 月启动为实现联合国可持续发展目标 2030 的地方自愿陈述工作。2021 年 3 月，《活力 包容 开放 特大城市的绿色发展之路——联合国可持续发展目标广州地方自愿陈述报告》在联合国可持续发展目标官网全文发布，广州成为我国第一个向联合国提交报告并获公开发布的城市。2021 年 4 月 15 日，联合国经济和社会事务部举办以"不让任何人掉队"（Leaving No One Behind）为主题的自愿陈述系列研讨会，邀请已向联合国递交自愿陈述报告及有意愿递交自愿陈述报告的地方政府代表出席，广州市代表向国际分享地方自愿陈述经验。2021 年 7 月 8 日，广州再次作为中国地方政府代表参加 2021 年联合国可持续发展高级别政治论坛"可持续发展目标本地化以促进'不让任何人掉队'"主题边会，分享具有中国特色、广州特点的超大城市可持续发展之路。

根据联合国可持续发展目标广州地方自愿陈述报告，广州近年在空间规划引领城市发展等方面取得一系列实践成效。包括在生态保护修复方面，实施白云山"还绿于民"、海岸带生态修复、生物多样性保护修复等工程；在绿色发展转型方面，参与国际气候治理合作，探索可持续城市降温、节能减排；在可持续城市和社区建设方面，推广社区设计师参与公共设施设计、开展老旧小区"微改造"等。联合国可持续发展目标广州地方自愿陈述报告构建了广州市国土空间总体规划（2018—2035 年）与可持续发展目标之间的相应关系,并选取优质教育(SDG4)、清洁饮水和卫生设施(SDG6)、产业、创新和基础设施(SDG9)、可持续城市和社区(SDG11)和陆地生物(SDG15)作为优先评估目标,以数据、措施和案例等方式展现了广州积极落实联合国可持续发展目标的进展,向全球分享绿色发展的"广州经验",展现了我国推动构建人类命运共同体的大国大城担当。

随着全球变暖问题的加剧,城市降温正成为应对气候变化和城市可持续发展领域的热门新理念。世界银行城市发展和灾害管理局于2019年正式启动可持续城市降温工作,旨在为广大发展中国家提供可持续、可负担的降温解决方案。广州作为全球亚热带地区人口与经济活动最集中、规模最大的城市之一,面临的气候挑战与治理方法具有典型性,探索形成可推广的降温措施对全球城市降温议题具有重要意义。2020年9月,世界银行经过多次考察研究,认为广州在生态保护、绿色发展、人居环境建设等可持续发展方面表现优异,最终选定广州成为"中国可持续发展城市降温项目"首个试点城市。在为期一年半的试点工作中,广州与世界银行合作推进"酷城行动"(Guangzhou Cool City Action),分别在永庆坊二期开展旧城更新提升示范项目、在中新知识城开展绿色生态低碳新区建设示范项目、在海珠湿地开展绿色基础设施降温效益评估示范等示范项目,并以此为基础开发具有"走出去"实力的广州品牌气候友好型技术,力争打造全球气候治理领先城市,为其他城市和地区提供参考经验。

"世界定制看中国,中国定制看广州。"规模化个性定制依托新一代信息技术,通过个性化设计、柔性化生产、智能化服务满足用户需求,是振兴传统工业和培育创新动能的重要手段。广州工业门类齐全,软件和信息服务业发达,规模化个性定制拥有扎实的产业基础、完善的产业链和丰富的应用场景。2019年12月6日,在广州从化生态设计小镇举行的第二届世界生态设计大会开幕式上,联合国工业发展组织总干事正式授予广州首批全球"定制之都"称号,这标志着广州定制行业作为先进制造业和服务业的典范,受到国际高度认可。广州重点发展定制家居、汽车、时尚服饰、智能终端等领域，集中举办中国（广州）定制家居展、广州时尚定制周、中国大定制联盟交流会等活动，力争建设世界先进、国内领先的规模化个性定制产业创新策源地、应用示范地、产业集聚地。

城市竞争归根结底是知识和人才的竞争，知识和人才离不开学习这一必由之路。2022 年 9 月，联合国教科文组织发布了"全球学习型城市网络会员"名单，广州在全球众多申报城市中脱颖而出，成为 2022 年度唯一入选的中国城市。近年来，广州不断完善服务全民的终身学习体系，持续营造"人人皆学、处处能学、时时可学"的浓厚氛围，满足市民多样化、个性化的终身学习需求。广州"博物馆之城""智慧图书馆之城"建设不断推进，构建了覆盖产业工人、来穗人员、城中村居民等各个群体的综合办学体系，城市"10 分钟文化圈"和农村"10 里文化圈"初步形成，城乡一体的终身学习网络推动了全民学习、终身学习，打造了满足人民精神生活所需的"文化粮仓"。

三、筑牢伙伴网络，国际交往格局更趋完善

广州的友城交流合作工作应改革开放而生，也随着改革开放的深入迎来友城数量的持续增加、结好布局的不断拓展、合作成果的节节攀升。近年来，广州迈上友城结交的"快车道"，打造了一系列友城交往的固定机制与品牌活动，在国际伙伴中的美誉度和影响力逐年提升。

（一）友城交流往来历史源远流长

广州的友城交往起步于改革开放初期，1979 年 5 月与日本福冈缔结首对友好城市关系。1979 年至 1999 年，广州与外国城市建立了 11 对友好城市关系、4 对友好交流合作城市关系，属于我国较早探索友城结交合作的城市之一。进入 21 世纪，广州开展友城交往的步伐加快，2000 至 2010 年，广州建立了 11 对友好城市关系和 8 对友好交流合作城市，结交友城的国家和地区范围也进一步拓展至非洲、南美洲、中亚等地。2012

年，广州的友城建交迎来井喷式的飞跃，仅在一年内便建立了9对友好城市关系和2对友好交流合作城市。2013年至今，广州的友城数量保持着较为稳定的增长，尤其是结交友好交流合作城市的步伐大大加快。2020年至2023年，广州新增阿联酋阿布扎比、意大利都灵等23座友好交流合作城市，友城工作实现加速新突破。

福冈位于日本九州岛北部，自古以来就是日本西渡中国的交通要冲，有着2000多年的通商口岸历史，也是日本与亚洲各国经济、文化交流的窗口之一。1978年，中国和日本签订《中日和平友好条约》，成为中日两国关系史上重要的里程碑。1979年5月2日，广州和福冈正式结为友好城市，成为我国华南地区缔结的第一对友城关系，也正式拉开广州开展友城交流合作的序幕。1980年4月至5月，广州动物园的一对大熊猫"珊珊"和"宝玲"首次"出访"日本，在福冈动物园进行为期两个月的公开展出，受到日本各界和福冈市民的热烈欢迎。短短两个月间，福冈动物园的参观人次就达到了87万。两城结好后，福冈在广州的越秀山上捐献了与福冈"金印公园"相呼应的"金印游乐场"，广州酒家在福冈落地，双方互设领事馆、开辟直航、互相参访学习、推动两地产业发展等，持续不断的交流推动了两城的频繁往来。福冈—广州荔枝协会每年都会自发组织福冈市民来到广州，带领协会成员采摘荔枝，品尝广式早茶，演唱《广州—福冈友谊之歌》。在1999年广州—福冈缔结友好城市20周年庆典上，时任福冈市市长向广州赠送了一套代表数百年传统工艺的博多人偶"姐妹"，2019年时值广州—福冈缔结友好城市40周年之际，时任福冈市市长再次向广州赠送一套新的博多人偶，与20年前相呼应，并在广州国际友城礼品展上展出。

洛杉矶市是美国加利福尼亚州最重要的高科技产业集中地，从事科学研究和开发的科学家和工程技术人员居全美第一。1981年12月8日，广州与洛杉矶正式建交，成为广州的第二对国际友好城市关系。1982年5月，洛杉矶—广州友好城市协会主席阿曼森夫人率团访穗，赠送给广州市"友谊长存"基石。1994年6月，广州市对外经济技术合作交流会在洛杉矶市举行，广州代表团赴美围绕两市经贸合作进行磋商。1997 年 4 月，"广州港—洛杉矶港首届港口研讨会"在广州举行，洛杉矶又派出代表团来穗参会，就两地港口合作展开共同研讨。1998 年 8 月，由广州市外办和广州电视台联合组成的摄制小组赴洛杉矶拍摄《姐妹城市，姐妹情》电视系列片，生动记录了洛杉矶的风土人情及其与广州的友好纽带。21世纪以来，两地在经济社会各领域均取得丰硕的合作成果。凭借与广州开展友城交流的积极表现，洛杉矶在 2010 中国国际友好城市大会上荣获"对华友好城市交流合作奖"，广州—洛杉矶的友城合作实践在 2014 年中美友好城市大会上荣获"经贸交流奖"。

林雪平是瑞典第五大城市，位于瑞典南部。作为瑞典的高科技和高等教育中心之一，林雪平是著名的"大学城""航空城"和"创新之都"，早在 1997 年就与广州结为国际友好城市，也是与广州交往最为活跃的友好城市之一。林雪平高度关注教育研究与经济发展之间的联系，虽然仅有16 万人口，但是市区内有着著名的林雪平大学，大学生数量超过 3 万。2000 年左右，林雪平大学就与华南理工大学、广州大学开始了合作。2014 年，广州大学和林雪平大学联合发起成立城市可持续发展研究中心，并于 2016 年底正式揭牌成立。2015 年起，广州大学—林雪平大学城市可持续发展研讨会连续举办 5 届，将广州与林雪平的城市创新合作推向产学研融合的新高度。2017 年底，为庆祝缔结友好城市关系 20 周年，两市共同签署了共同签署进一步加强友好城市关系备忘录，并签署《广州大学林雪平大学有关进一步深化合作的备忘录》《广州图书馆与林雪平市公共图书馆合作交流谅解备忘录》，教育文化合作迈上新台阶。2019 年 10 月29 日—11 月 1 日，林雪平市市长率团来穗考察访问，其间走访了黄埔区广州科学城、广州大学城、官洲生物岛、中山大学和广州大学等地，重点学习广州在支持创新创业、新兴产业发展和高校建设等方面的先进经验。

法兰克福是德国第五大城市，是德国乃至欧洲重要的工商业、金融和交通中心，拥有德国最大的航空枢纽与铁路枢纽。自 1988 年 4 月 11 日正式结交以来，广州和法兰克福之间的友谊不断加深。1996 年，为纪念广州建城 2210 年，法兰克福向广州赠送了近 300 株远渡重洋的"法兰克福玫瑰"，迄今栽种在位于广州流花湖公园的法兰克福玫瑰园中。2007 年，法兰克福市著名电视女主持人弗朗西斯卡·莱辛巴赫在一场电视问答比赛中赢得了一笔奖金，她将奖金捐给了总部设于法兰克福的国际玩耍协会（一个致力于维护儿童玩耍权利的国际性非营利组织），最后由协会商议决定用这笔捐款建造一个组合式儿童游乐健身设施送给友好城市广州，这个"小城堡"迄今坐落在越秀区六榕街兴隆东社区的花园中。2020 年底，法兰克福再次向在广州市越秀儿童公园捐赠一套新的德国法兰克福儿童游乐设施，并于 2021 年 5 月正式投入使用，为广州的孩子们带来新的欢乐。除此之外，法兰克福赠送给广州的礼物还包括位于广州云台花园的苹果酒酒瓶模型、落户流花湖公园的歌德半身青铜艺术塑像、在广州市第二少年宫儿童博物馆展示的童话人物玩具"蓬头彼得"、送给广州动物园的 10 只狒狒等，法兰克福的不少中小学和幼儿园也在周末开设了中文课程，不仅供中国孩子上课，也给法兰克福儿童学习中文、认识中国的机会。

（二）友好伙伴遍布全球六大洲

广州目前拥有的友城数量位居全国前列，结好对象广泛分布于世界各地（见表 3 - 4）。截至 2023 年 12 月，广州已经与 68 个国家的 105 个城市建立了友好关系，成功突破友城"百城计划"目标，国际"朋友圈"不断扩大。除友好城市外，广州还积极建立友好城区、友好港口、友好学校（姐妹学校）、友好机构等各层级伙伴关系，海外友好网络"四位一体"的格局日趋完善。

表 3 - 4　广州国际友好城市名单（2023 年 12 月）

序号	城市名称	国家	签约时间
1	福冈	日本	1979 - 05 - 02
2	洛杉矶	美国	1981 - 12 - 08
3	马尼拉	菲律宾	1982 - 11 - 05

续表 3－4

序号	城市名称	国家	签约时间
4	温哥华	加拿大	1985－03－27
5	悉尼	澳大利亚	1986－05－12
6	巴里	意大利	1986－11－12
7	里昂	法国	1988－01－19
8	法兰克福	德国	1988－04－11
9	奥克兰	新西兰	1989－02－17
10	光州	韩国	1996－10－25
11	林雪平	瑞典	1997－11－24
12	德班	南非	2000－07－17
13	布里斯托尔	英国	2001－05－23
14	叶卡捷琳堡	俄罗斯	2002－07－10
15	阿雷基帕	秘鲁	2004－10－27
16	泗水	印尼	2005－12－21
17	维尔纽斯	立陶宛	2006－10－12
18	伯明翰	英国	2006－12－04
19	汉班托塔	斯里兰卡	2007－02－27
20	累西腓	巴西	2007－10－22
21	坦佩雷	芬兰	2008－12－02
22	曼谷	泰国	2009－11－13
23	布宜诺斯艾利斯	阿根廷	2012－04－16
24	迪拜	阿联酋	2012－04－18
25	科威特城	科威特	2012－04－25
26	喀山	俄罗斯	2012－07－06
27	伊斯坦布尔	土耳其	2012－07－18
28	哈拉雷	津巴布韦	2012－09－03
29	圣何塞	哥斯达黎加	2012－09－11
30	登别	日本	2012－11－15
31	巴伦西亚	西班牙	2012－12－29
32	拉巴特	摩洛哥	2013－10－03

续表 3-4

序号	城市名称	国家	签约时间
33	罗兹	波兰	2014-08-20
34	艾哈迈达巴德	印度	2014-09-17
35	博克拉	尼泊尔	2014-11-29
36	基多	厄瓜多尔	2014-11-29
37	圣地亚哥	智利	2017-06-20
38	蒙巴萨郡	肯尼亚	2018-11-27

广州结交的国际友城地区分布在世界六大洲，其中以欧洲和亚洲城市数量为最多：在欧洲，广州拥有 12 个友好城市、24 个友好合作交流城市；在亚洲，广州拥有 12 个友好城市、21 个友好合作交流城市。从国别来看，广州与美国、俄罗斯、德国、意大利的城市各拥有 5 对结好关系，与英国、日本、韩国、澳大利亚、巴西、越南的城市各拥有 3 对结好关系，表明广州的友城结好对象在广泛分布全球的同时，高度集中于欧美地区发达国家及与我国往来合作密切的周边国家城市。

光州广域市是韩国全罗南道首府所在地，是韩国第五大城市，也是韩国西南部的行政、军事、经济、社会、文化枢纽城市。1996 年 10 月 25 日，广州与光州缔结为友好城市，随后 20 多年来在经济、文化、体育等方面一直保持紧密的交流关系。2002 年 6 月，中国国家足球队首次冲出亚洲、走向世界，他们征战"世界杯"的第一场比赛就是在韩国光州市体育场进行。为纪念这一盛事，光州市政府特别将"世界杯"赛场前的一条道路命名为"广州路"，并按 1:1 的比例制作成路牌石碑赠送给广州。2016 年值广州和光州缔结友好城市关系 20 周年之际，广州举办了光州当代美术展、光州推广日、郑律成音乐庆典等系列活动。光州市友好代表团来穗出席，并与广州在旅游、文化创意产业和投资等领域签订了 10 项合作协议。2019 年 4 月，光州 KBC 广播电视台与广州广播电视台达成合作意向，讨论在节目交流、联合制作等方面共建友好电视台。2021 年 7 月，广州中国科学院先进技术研究所与光州科学技术振兴院签订合作备忘录，议定共同推进中—韩联合实验室以及联合研究中心的建设，将继续深化在人工智能、生物科技、能源环保领域等领域的技术交流合作。

叶卡捷琳堡是俄罗斯第三大城市，是俄罗斯重要的交通枢纽、工业基地和科教中心。广州与叶卡捷琳堡市 2002 年缔结友好城市关系，同年，叶卡捷琳堡举行了中国广州经济贸易展览会，广州 160 家参展企业与叶卡捷琳堡市客商达成合作意向金额 5.1 亿美元，签订经贸合作协议金额约 8 万美元。同为历史文化名城的两市也开展了丰富多样的文化交流活动，例如 2004 年为庆祝中俄建交 55 周年举办的"友城之旅"广州市民赴叶卡捷琳堡友好访问活动，2007 年中俄国家年"红棉·白桦—广州文化周"系列活动，2013 年以来广州芭蕾舞团、广州小天使交响乐团、广州市程界同乐舞狮队、广州市十六中学管乐团等先后应邀赴叶卡捷琳堡，用演出为当地的"城庆日"活动献上贺礼。在友城合作框架下，广州市天河区和叶卡捷琳堡市奇卡洛夫区、广州市海珠区与叶卡捷琳堡市铁路大区、广州市花都区与叶卡捷琳堡市奥尔忠尼启则区分别缔结为友好城区。鉴于与广州的友好交往表现，叶卡捷琳堡市在 2014 中国国际友好城市大会暨广州国际城市创新大会中外友好城市表彰会上获得"对华友好城市交流合作奖"。

温哥华是加拿大的主要港口城市和重要经济中心，也是加拿大西部的政治、文化、旅游和交通中心。1995 年，广东省与加拿大不列颠哥伦比亚省（卑诗省）缔结友好省州关系。1985 年 3 月 27 日，广州与卑诗省的最大城市温哥华正式缔结友好关系，温哥华成为广州在北美地区的第二个国际友好城市。结好以来，两市积极扩展交流的广度，在文化、体育、医疗、可持续发展等方面开展交流。1986 年，在和温哥华结为姐妹城市的第二年，广州市儿童医院与温哥华卑诗省儿童医院结为姊妹医院，广州市儿童医院前后共派出 30 多名业务骨干到卑诗省儿童医院进修，同时引进了大批医疗仪器设备，有效改善了广州当时相关学科的医疗条件，为广州市民带来了切身的利益。2005 年，为纪念广州与温哥华结好 20 周年，广州向温哥华赠送了一座新"中华门"。旧"中华门"为 1986 年我国参加温哥华世界博览会后赠送给卑诗省政府的木质牌楼，经时间洗礼而日渐陈旧。2005年，广州市政府制作了具有广东文化特色的新云浮石中华门，作为两市不朽友谊的象征，永远矗立在温哥华市中华文化中心广场。两地足球协会和华人组织、企业还于2011年共同创办了"温哥华—广州友好城市杯"足球赛，成为两地轮办、每年一度的体育交流盛事。2020年9月15日，广州—温哥华结好35周年座谈会在广州市妇女儿童医疗中心召开，曾赴卑诗省儿童和妇女医疗中心进修的医生分享进修经历，曾在穗工作学习过的温哥华医生及侨领还特地为座谈会录制了视频。从医疗合作开始，广州与温哥华的合作领域不断拓宽，为两地人民创造新的福祉。

累西腓市是巴西伯南布哥州的首府、巴西第五大城市和巴西东北部最大城市，因众多河流纵横分割而被称为"巴西的威尼斯"。2007年10月，累西腓成为广州的第20个国际友好城市。累西腓是海上丝绸之路的必经之地和停靠点，广州是古代海上丝绸之路的发祥地，近年来两地在青少年交流、中医药交流、体育文化交流和国际商务仲裁交流等领域结出丰硕成果。2021年3月，广州市实验外语学校和累西腓市村上高中正式签署备忘录，结成国际友好城市姊妹学校。2022年5月，巴西东北部遭遇严重洪涝灾害，累西腓市是重灾区，广州市实验外语学校师生第一时间给遭受洪涝灾害的村上高中的师生发去慰问信，并向其捐助抗灾物资。2022年，为庆祝两市结好15周年，巴西10家当地媒体陆续刊发关于广州的报道，其中8月15日《伯南布哥州日报》以"食在广州，香飘中外"为整版题目，刊登巴西伯南布哥州媒体协会主席撰写的《累西腓—广州，友谊长存　商机无限》一文，向当地民众推介特色粤菜及广府文化，展望两市经贸合作的广阔机遇。2022年11月，累西腓市将中国春节设为官方节日，将中巴两国友谊推向新高度。

德班位于南非夸祖鲁—纳塔尔省，被称作"非洲最佳管理城市"，也是著名的国际会议之都。其坐拥南非最大的集装箱港——德班港，德班也是非洲最重要的港口城市之一，广州与德班在2000年结成国际友好城市。南非德班音乐学校作为一家非营利民间公益组织，致力于为孤儿、残障学生提供一流音乐教育，近年来与广州开展了密切的交流活动。2009 年，广州市铁一中学和南非德班音乐学校两所学校在维也纳金色大厅同台竞技，2014 年，两校乐团在广州再次同台演出并正式结为姐妹学校。2015 年广州市铁一中学出访德班联袂演出，2018 年南非代表团回访广州市铁一中学。2021 年 3 月 27 日，"中非友谊·云端唱响"广州市铁一中学与南非德班音乐学校文艺交流线上活动在广州广铁文化宫举办，广州与德班再次用音乐作为桥梁，突破空间的阻隔，传递友谊的温暖。广州与德班青少年对音乐的共同热爱和对艺术的追求，为中非青年艺术交流树立了榜样。

有"帆船之都"美誉的奥克兰是新西兰第一大城市，是南半球主要的交通航运枢纽和主要港口之一。广州与奥克兰于 1989 年 2 月 17 日建立友好关系，成为中新两国城市友好合作的典范。2014 年 11 月，为庆祝广州市与新西兰奥克兰市缔结国际友好城市 25 周年，广州—奥克兰影视合作、教育合作、招商座谈会等活动在穗举办，两市市长在广州市海珠湿地公园友谊林共同种植代表"广州—奥克兰友谊之树"的铁冬青。2019 年广州奥克兰缔结友好城市 30 周年活动与"2019 中新旅游年"相得益彰，进一步系牢中国与新西兰、广州与奥克兰之间的联系纽带。2019 年 5 月，广州市公安局与奥克兰市警察局共同签署《友好合作安排书》，这是广州警方与国外警方首次订立合作意向，标志着两地执法机构将在警务交流、警务培训等方面展开全面合作。奥克兰也是向广州赠送官方礼品最多的友城之一，如 1996 年赠送有毛利人镇族之宝之称的"毛利战士"木雕，2003 年赠送名为"永恒的动力"的喷泉石雕，在两市结为友好城市 20 周年之际赠送的"景致"铜雕等，展品都已存放在广州云台花园的"谊园"景区中，见证两市深情持久的友谊。

（三）友城工作 40 周年大会异彩纷呈

2019 年，广州举办了"友城大联欢"——纪念广州开展国际友好城市工作 40 周年大会系列活动，邀请到来自 26 个国家 35 个城市的代表共同出席盛会。广州还以"携友城之手，走共赢之路"为主题，举办了友城配对交流会、经贸交流会等多场活动，组织了友城青少年足球赛及交流营、"友城之路"展览等17场配套活动，组织广州青年交响乐团赴日本东京、福冈开展友城40周年访问演出，举办第十一届广州地区中外友人运动会、"留法百年——广州青年致敬·寻梦之旅"、友城青少年"畅玩广州"等特色文化交流活动，充分展现了广州与友城40年的交流合作成就，也增进了市民对广州对外交往历史的了解，取得极为良好的社会反响。

2019年7—8月，正值留法勤工俭学运动100周年及中法建交55周年，广州选拔30余名优秀青少年代表作为"中法文化友好交流小使者"，前往法国蒙塔日、里昂和巴黎，探寻周恩来、邓小平等伟大革命家远赴法国"勤于做工、俭以求学"的光辉历史印迹，为中法两国的友好交流与广州的友城交流增光添彩。活动分为"致敬之旅""友谊之旅""艺术之旅"三大主题，组织广州小使者寻访法国周恩来故居、邓小平广场，感受历史风云，参观卢浮宫、凯旋门、巴黎圣母院、里昂丝绸博物馆等知名景点，并在里昂天主教大学语言文化学院学法语，在里昂中法大学参加文化交流，赴被誉为"西餐西点军校"的保罗博古斯厨艺与酒店管理学院学习做美食，深度体验中西文化交融。2021年7月23日，广州国际交流合作中心举行了"重温留法寻梦之旅，凝聚青春奋进力量"——广州青年致敬寻梦之旅两周年交流活动，13名曾作为"中法文化友好交流小使者"的青少年分享"寻梦之旅"的记忆与感悟，并表达以传承"留法百年"精神为基础，不断深化和促进中法民间友好交往的愿景。

为进一步增进外国朋友对广州的了解，"外国友人看广州"摄影比赛于2019年10月举行。比赛面向所有外国摄影爱好者，征集广州的城市风景、人物、美食、生态环境等各类拍摄内容。10月10日，大赛主办方在永庆坊组织开展了以"老城市新活力 发现最美永庆坊"为主题的第一场中外摄影师联合采风活动，来自瑞士、法国、乌克兰等国家的11位外籍摄影爱好者在广州日报摄影记者的带领下一起用镜头记录广州老西关的美。10 月 17 日，第二场联合采风活动在广报中心（原名广州报业文化中心）举行，10 多名暨南大学国际学院的外国留学生登上广报中心观景平台，拍摄广州落日与珠江夜景。比赛评选结束后，获奖作品在广州市城市规划展览中心举行的"友城之路——广州国际友好城市礼品展暨'外国友人看广州'摄影大赛优秀作品展"上进行了为期一个月的展出，充分展现外国友人镜头中不一样的广州风貌。

地铁作为城市重要的交通方式，也能够成为展示和传递文化的生动载体。在纪念广州开展国际友城工作 40 周年大会期间，广州地铁 APM 线的林和西站开展了为期一个月的"广州国际友城主题站"展示，让来到地铁站乘车的市民全方位感受广州友城"朋友圈"。2019 年 11 月 3 日，包括多位广州国际友城市长，来自 30 多个海外城市的 100 多名与会外宾集结广州地铁"友城站"（林和西站），随后乘坐"友城号"地铁线穿越"友城长廊"抵达广州塔站。在富含岭南传统文化元素的"友城号"地铁专列上，还有多组粤剧粤曲演员进行快闪表演，为友城友人留下深刻的广州记忆，也为广州市民带来直观的友城体验。

（四）各领域交流形成多元机制品牌

广州在友城交流合作各领域打造了一系列固定机制和品牌活动，例如广州—奥克兰—洛杉矶、广州—法兰克福—里昂三城合作机制，实现友城交流合作平台化、机制化、项目化和常态化发展，成功树立国际友城务实合作的典范。新西兰奥克兰市与美国洛杉矶市于 1971 年建立友好关系，广州与洛杉矶于 1981 年建立友好关系，广州与奥克兰与 1989 年建立友好关系。在互为友城的基础上，三市达成建立三城经济联盟的共识，力图进一步凝聚共识、深化合作。2014 年 11 月 16 日，广州、奥克兰、洛杉矶三市市长正式签署三城经济联盟合作备忘录，旨在重点推动三市经济发展、对外贸易、创新和投资四个领域的实质性合作。在合作框架下，三城经济联盟广州年会、市长峰会、专题圆桌会议、投资推介会等活动纷纷举办，2020 年至 2022 年推进第三轮合作。在积累广州—奥克兰—洛杉矶三城联盟成功经验的基础上，广州将三城联盟合作机制向其他友城推广。2018 年 5 月 12 日，广州与法兰克福市市长在两市结好 30 周年庆祝仪式上共同倡议建立广州—法兰克福—里昂三城经济联盟这一新机制。在世界经济论坛 2019 年年会期间，广州与法兰克福市市长共同签署《关于共同推动建立法兰克福—广州—里昂三城合作意向书》，正式开启三城多边交流合作。在 2020 年冬季达沃斯世界经济论坛上，例行的"广州之夜"城市形象推介会首次设立广州—法兰克福—里昂三城推介环节，向世界展现三城之间开展深入合作的务实举措。

广州与英国伯明翰市于 2006 年 12 月建立友好关系，双方形成了机制化的友好合作关系。2011 年 9 月，广州与伯明翰大学签署合作框架协议，建立了穗伯合作指导委员会合作机制，并设立英国伯明翰大学广州中心作为英方秘书处，负责协调推进具体项目工作。合作机制建立以来，每两年举行一次穗伯合作指导委员会全体会议，迄今已经成功举办五次。英国伯明翰大学广州中心助力伯明翰大学与广州相关单位开展了 40 多个合作项目，涵盖生物医学、材料工程、工程技术、轨道技术、信息技术、环保技术、能源技术等多个领域，促成中山大学附属第一医院—伯明翰大学临床试验中心、广州—伯明翰出生队列与疾病队列联合研究中心、暨南大学暨大—伯大联合学院等一批项目落地。这些项目不但提高了广州与伯明翰各领域国际合作和科研产出，也为广州培养了一批本地的高端资源和人才队伍，打造中国地方政府与外国高校合作的先进机制。

为进一步加强与国际友城的人文交流，广州市文化广电旅游局与外事部门联合组织成立广州国际友城文化艺术团，每年选择 1 至 2 个国际友城制订出访计划，把握国际友城结好周年庆、纪念节日、友城文化艺术节庆等节点，配合高层出访、经贸推介活动，赴海外开展类型丰富多元的文化旅游交流活动。2017 年 9 月 1 日，为庆祝广州与瑞典林雪平缔结友好关系 20 周年，广州国际友城文化艺术团赴林雪平开展演出活动，成为该艺术团组建之后的"首秀"。随后，艺术团还相继赴新西兰奥克兰、皇后镇，阿联酋迪拜，土耳其伊斯坦布尔，澳大利亚悉尼，印尼泗水等地演出，推介广州文化并参与当地交流。广州国际友城文化艺术团自成立以来，与来自广州交响乐团、广州歌舞剧院、广州粤剧院、广州市杂技艺术剧院等单位的艺术家和演职人员达成密切合作，并与"广州文化周""欢乐春节"等品牌活动相结合，赢得国际受众的广泛好评。（见表3－5）

表3－5　广州国际友城文化艺术团主要交流活动

时间	交流目的地	主要活动
2017－09	瑞典林雪平、芬兰坦佩雷	庆祝广州与瑞典林雪平缔结国际友好城市关系20周年，国际友城文化艺术团"首秀"
2018－02	新西兰奥克兰、皇后镇	"2018年广州文化周·欢乐春节新西兰行"活动，为2019年广州市与新西兰奥克兰市缔结国际友好城市30周年文化交流活动预热
2019－04	阿联酋迪拜、土耳其伊斯坦布尔	参加第26届阿拉伯国际旅游展等活动
2019－05	澳大利亚悉尼、新西兰奥克兰	"2019广州文化周"方锦龙国乐世界巡演大洋洲站
2019－07	印尼泗水	"2019广州文化周——广州国际友城文化艺术团印尼行"活动，参加泗水2019年跨文化艺术节
2021－11	广州＋线上	"花舞四海情"——广州国际友城文化交流演出，放映广州国际友城文化交流宣传片《花开四海 云端比邻》

广州国际友城大学联盟由广州大学倡议发起，联合多所国际友城大学，按照"自愿、平等、协作、分享、互利"的原则共同成立，成功打造了友城国际高等教育交流平台。在2018年12月举办的广州国际友城大学校长论坛上，广州大学等6所国际高校共同成立广州国际友城大学联盟，旨在加强广州与各国际友好城市及其当地大学间的联系和交流，推动友好城市间大学的优质教育资源共享，增进成员间的合作互动，推动互利共赢与合作发展的大学联合体。联盟理事会为广州国际友城大学联盟的最高决策机制，由各联盟成员大学的一名校领导或委托代表担任理事，每两

年在广州举办一次理事会会议,是广州与各成员大学共商大计、共谋发展的高层平台。截至 2023 年底,联盟成员已达 22 个。成员高校将在科技研发、医疗健康、创新创业、文化旅游等领域深入对接,促进人才联合培养与教学资源互换,为广州国际友城大学联盟注入新的活力。(见表 3-6)

表 3-6 广州国际友城大学联盟成员名单 (2023 年 12 月)

大学名称	所在国家及城市	大学简介
广州大学	中国广州	经教育部批准成立的综合性大学,是广东省高水平大学重点学科建设高校、广东省"冲一流"重点学科建设高校、广州市高水平大学建设高校
科英布拉大学	葡萄牙科英布拉	葡萄牙著名公立大学,也是世界上最古老的大学之一,其拥有葡萄牙的最大的国际学生社区之一和最为国际化的学术氛围
林雪平大学	瑞典林雪平	瑞典著名的国立综合性大学,以科学工程类专业见长,是瑞典乃至北欧理工类专业最好的大学之一
帕多瓦大学	意大利帕多瓦	世界最古老的中世纪大学之一,也是世界领先的研究型大学,多个专业名列意大利第一,连续被评为"拥有最高质量研究成果的大学"
蒙特利尔魁北克大学	加拿大蒙特利尔	创立于 1968 年,加拿大魁北克省的一所综合性大学,是加拿大规模最大的大学
坦佩雷大学	芬兰坦佩雷	芬兰知名大学,全球大学高研院联盟成员,在社会科学研究方法上居芬兰前列
西悉尼大学	澳大利亚新南威尔士州	创立于 1989 年,是澳大利亚首家联合市大学,拥有全澳最大的学校网络
广州医科大学	中国广州	原名广州医学院,2013 年更名为广州医科大学,是一所以医学为优势和特色的广州市属重点高校
中东技术大学	土耳其安卡拉	成立于 1956 年,是土耳其最具竞争力的大学之一,被称为"土耳其的清华大学"

续表 3 − 6

大学名称	所在国家及城市	大学简介
仁川国立大学	韩国仁川	成立于 1979 年，2013 年经韩国政府批准转型为国立大学，现为仁川广域市松岛经济自由区内唯一国立综合大学、韩国首都地区第二所国立综合大学
西英格兰大学	英国布里斯托尔	英国最大且最受欢迎的大学之一，也是英国大学联盟成员。学校历史可以追溯到 1595 年，1992 年正式成为西英格兰大学
乌克兰国立科技大学	乌克兰基辅	原为基辅理工大学，是世界上最古老也是最著名的大学之一，是乌克兰规模最大的高校，在独联体国家中仅次于莫斯科大学
德班理工大学	南非德班	原名德班理工学院，成立于 2002 年，在教学、技术培训和研究方面较有优势
查尔斯·达尔文大学	澳大利亚达尔文	位于澳大利亚北领地唯一的公立大学，澳大利亚创新研究型大学联盟（IRU）成员，毕业生起薪和就业率分别在全澳大学排名第一与第二
白俄罗斯国立体育大学	白俄罗斯明斯克	成立于 1929 年，白俄罗斯在教育领域和体育旅游方面最具权威的大学之一
伊朗戈尔甘农业科学与自然资源大学	伊朗戈尔甘	1957 年建立，伊朗国内农业技术与自然资源管理方面的顶尖大学之一
西班牙萨拉戈萨大学	西班牙阿拉贡自治区萨拉戈萨	1542 年建立，西班牙知名的综合性公立大学，也是西班牙教育部直属的 9 所重要大学之一，在理工、人文和医学等领域成果丰硕
巴伦西亚理工大学	西班牙巴伦西亚	创办于 1968 年，欧洲地区顶尖、西班牙排名第一的理工科大学
胡志明市经济大学	越南胡志明	创立于 1976 年，越南南方解放后首所经济和管理专业的大学，在经济管理科学咨询和法律学领域具有较高水平

续表 3-6

大学名称	所在国家及城市	大学简介
广州航海学院	中国广州	始于 1964 年创办的广州海运学校，2013 年更名为广州航海学院，是华南地区独立建制的海事本科院校
清迈大学	泰国清迈	成立于 1964 年，是泰国历史最悠久的大学之一，化学、农林及教育学有较高知名度
拉曼理工大学	马来西亚吉隆坡	是由马来西亚华人公会和政府支持创立于 1969 年的私立综合性大学，2022 年正式升格为拉曼理工大学

广州围绕建设世界体育名城的目标，大力繁荣各项体育文化运动。其中，推进校园足球发展成为提高本地学生身体素质、推广校园体育运动的有力抓手之一。2014 年以来，广州市教育部门逐年加大通过校园足球来进行对外交流合作的力度，与美国、英国等国家驻穗机构合作开展了"学转英超""美国足球国脚中国行"等活动，引入国际一流俱乐部教练力量，吸纳先进的训练理念和方法，推进广州校园足球不断与国际接轨。广州已与巴西、阿根廷等国家的友城足球俱乐部签署校园足球合作谅解备忘录，校园足球教育专业化、规模化、国际化水平不断提升。广州还持续举办国际友城青少年足球交流活动，2019 年举办的第三届活动在传统足球比赛的基础上增加文化交流活动内容，"以球为媒"搭建友城青少年相知相亲的友好桥梁，助力形成多方获益的友城交往新格局。

广州地区中外友人运动会由广州外事、体育、商务、贸促、科技等多个部门共同举办，创办于 1998 年，从最初的登山活动逐渐发展成为由篮球、足球（七人制）、网球、羽毛球、乒乓球和保龄球六个单项比赛组成的综合性运动会，广受欢迎和赞誉。2023 年 5 月举办的第十二届中外友人运动会共吸引了来自 70 多个国家和地区的近 500 名参赛者，广州地区的高校留学生、驻穗领馆官员、各国商贸协会代表和企业人员等踊跃报名参与。历届中外友人运动会的举办让在穗生活的外国友人深切感受到广州的开放、和谐与包容，也为在广州学习、工作和生活的各界友好人士提供了增进了解、加深友谊的新颖平台，弘扬了"活力广州、运动无限"的体育文化精神。

在广州白云山山脚下的云台花园里，有一座陈列着各友好城市向广州赠礼的"谊园"，在集中展示友城工作成就和中外深厚友谊的同时，也为市民和游客体验世界各国文化、增进国际视野提供了寓教于乐的休闲场所。"谊园"里富有代表性的藏品包括美国洛杉矶赠送的刻有"广州"字样的星光大道纪念星，加拿大温哥华赠送的"温广友好"日晷雕塑和"生命之树"雪松，英国布里斯托尔赠送的"小羊肖恩"雕塑，法国里昂赠送的艺术灯饰"漂浮的色彩"，秘鲁阿雷基帕市赠送的"斗牛"雕塑、瑞典林雪平赠送的红色小木屋等，数十件大型礼品常年向公众展出，将旅游休闲娱乐、国际文化展示与民间交往功能融合为一。

四、密切人文交流，国际交往形式出新出彩

广州在建城两千多年的历史进程中，始终是岭南地区的政治、经济、文化中心。1982 年，广州被列入首批 24 个国家历史文化名城之一。作为海上丝绸之路发祥地、中国民主革命策源地、岭南文化中心地，广州一直拥有悠久的历史文化底蕴和较强的文化综合实力，以各种形式开展对外人文交流合作，为促进民心相通书写广州案例。

（一）文化体育学术交流活动丰富

广州积极组织文艺团组赴海外和港澳台地区开展文化交流，形成了"广州文化周""我们，广州""丝路花语——海上丝绸之路文化之旅""穗港澳青少年文化交流季"等一批对外文旅交流品牌，成为广州城市文化的重要传播载体。"广州文化周"是广州重点打造的对外文化交流品牌，2016 年创立以来赴英国、加拿大、瑞典、芬兰、墨西哥、新西兰、英国等国家，举办"欢乐春节""许鸿飞雕塑世界巡展""方锦龙国乐世

界巡演"及非遗展示和各类文艺展演等演出互动,海外观演人数超过百万,成为广州最为闪亮的对外文化交流品牌。"我们,广州"是广州于2016年推出的城市文化推介活动,先后依托世界航线发展大会、世界港口大会等国际重要展会开展广州城市文化展示和推介,通过线上线下相结合、极具创意和互动性的活动方式,集中展示广州城市魅力与广府文化精髓,推动中外文化交融互进。

广州是历史上海上丝绸之路的重要发祥地,也是当前高质量共建"一带一路"的重要枢纽城市。在"一带一路"倡议提出五周年之际,广州凝练海丝文化的核心价值,创设了"丝路花语——海丝文化之旅"活动品牌,赴海丝沿线国家举办文化交流活动。2018年以来,"丝路花语"活动推介团以"一个展览、一份备忘、一场演出"的固定方式,走进斯里兰卡、马来西亚、塞浦路斯、印度尼西亚、菲律宾和新加坡等地,与当地政府机构代表、文化中心负责人、专家学者签署合作备忘录,分享海丝遗产保护经验,充分发挥海丝文化在促进民心相通中的积极作用。2018年4月,在国家文物局的指导下,由广州市、宁波市、南京市共同发起,24个中国城市共同签署了《海上丝绸之路保护和联合申报世界文化遗产城市联盟章程》,"海丝申遗城市联盟"正式成立,现已有包括香港、澳门等城市的34个成员。广州积极发挥海上丝绸之路申遗牵头城市作用,建立完善沿线城市联合申遗机制,推进海上丝绸之路沿线文化交流与历史史迹保护,唤起全社会对于海丝文化遗产保护的重视和关注。

经过多年积累,广州已经拥有了中国(广州)国际演艺交易会、广州艺术节(广州国际戏剧节)、羊城国际粤剧节、中国国际漫画节、中国(广州)国际纪录片节、中国国际儿童电影节、广州大学生电影节及广州国际艺术博览会等文化会展品牌,其中中国(广州)国际纪录片节已经成为中国历史最长、唯一具备纪录片投融资和交易功能的国家级纪录片节,节展规模达到亚洲最大,位列世界八大纪录片电影节之一。2017年,广州全面整合全市现有重要文化会展资源,形成覆盖演艺、广播电视、电影、出版、版权、动漫游戏、音乐、艺术收藏等多个门类和领域的综合性会展联合体——广州文化产业交易会（简称"广州文交会"）。2023 年广州文交会打造"1＋6"办会模式，"1"即文交会，"6"即同期举办粤港澳大湾区（广州）文化和旅游新业态成果展示会、广州文旅装备展、广州文化金融峰会、第 13 届中国（广州）国际演艺交易会暨第 6 届丝绸之路国际剧院联盟广州年会、第 27 届广州国际艺术博览会、中国动漫授权大会等六大活动。各大文化会展活动在文交会品牌统筹下形成日益强大的合力，国际影响力不断传向世界各地。

　　体育也是城市社会文化的重要组成部分。广州以 2010 年举办亚运会为节点，举办了诸多具有国际影响力的运动赛事，具有良好的群众体育基础，营造起全民健身的体育运动氛围，为迈向世界体育名城打下坚实基础。近年来，广州成功举办国际篮联篮球世界杯广州赛区比赛、世界羽毛球锦标赛、WTA 广州国际女子网球公开赛、足球亚冠、中超、篮球 CBA 职业联赛、国际攀联中国攀岩公开赛、首届金砖国家运动会等国际国内重大体育赛事，作为世界级赛事聚集地的效应凸显。广州马拉松赛、广州国际龙舟邀请赛、广州南沙国际帆船节等活动已形成国际知名品牌，其中广州马拉松赛被评为世界田径联合会、中国田径协会"双金"赛事，并与世界六大满贯马拉松形成积极互动，进一步彰显赛事带来的国际影响力。自 2018 年起，中国体育文化博览会、中国体育旅游博览会（简称"两博会"）落户广州，全方位构建国际化、专业化、高端化的体育文化与体育旅游融合发展平台。2022 年北京冬奥会期间，由广州美术学院师生团队设计的吉祥物"冰墩墩"成为"流量明星"，在海内外收获顶级热度和极佳口碑，助推"广州设计"品牌走向世界。

　　广州充分利用本地高校数量多、智力资源丰富、对外联系频繁的基础优势，大力开展智库学术交流，推进国际学术会议之都建设。2017 年 10 月，由联合国人居署主办、广州市社会科学院承办的全球城市竞争力论坛暨报告发布学术会议在广州举办，会议作为 2017 年"世界城市日"全球主场系列活动之一，集中展示广州城市竞争力价值与新型智库建设成果。2018 年首届中国国际进口博览会期间，广州配套举办了黄埔国际财经媒体和智库论坛（即"虹桥国际财经媒体和智库论坛"广州分论坛），逾百位国际国内政商学界代表从财经媒体和智库视角，深刻解读中国发展及与世界互动等热点话题，站在全球战略的高度探讨改革开放以来广州在经济社会各领域的发展成就。广州还成功举办了中国法治国际论坛、全球治理高层政策论坛、新华网思客年会、中国经济运行与政策国际论坛，打造"广州：全球城市评价研究"学术会议等固定品牌，鼓励本地智库与海外智库、国际组织、专家学者等主体建立合作，学术领域影响力不断增强。

（二）持续打造世界级旅游目的地

广州不断完善旅游支持政策和集散体系，积极开展境内外旅游推广营销，携手粤港澳大湾区共同推进旅游合作，各种特色旅游名片为城市注入新活力。广州现拥有长隆旅游度假区、白云山风景名胜区2个国家级5A景区，以及广州塔、西汉南越王墓博物馆、陈家祠、沙湾古镇等25个4A级景区，打造了"珠江游"文化旅游融合发展带、北京路国家级文化产业示范园区、西关永庆坊—沙面西堤等世界级旅游精品。广州作为国际知名的旅游目的地，每年吸引大量海内外游客来访，在中国旅游研究院发布的《2021世界旅游城市蓝皮书》中，广州获选世界游客最向往的中国城市榜单前三名。在中国经济信息社发布的《国际都市游船活力指数报告（2022）》中，广州游船活力指数在12个指标城市中位列全国第一、全球第二。（见图3-1）

除传统的城市旅游景点和知名线路，广州近年来加快推进文商旅融合发展，拓展邮轮旅游、夜间旅游、文创旅游、乡村旅游等新型旅游产品，对国内外游客的吸引力不断增强。广州南沙依托自贸区优势迅速发展邮轮产业，截至2020年1月，南沙出入境邮轮418航次，接待出入境旅客167.35万人次，出入境旅客数连续四年保持全国第三，航线覆盖香港、日本、越南、菲律宾等12个邮轮目的地，成为内地东南亚航线最多的邮轮港口之一，南沙邮轮旅游文化节、中国邮轮产业发展大会等活动的举办提高了广州邮轮旅游知名度。2019年，广州发布了6条"夜游广州"精

（单位：万人）

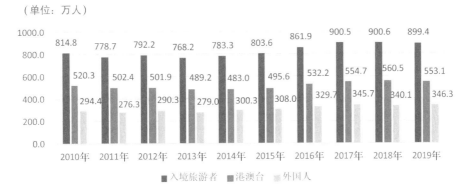

图 3 - 1　2010—2019 年广州接待入境旅游者人数情况

数据来源：广州市文化广电旅游局。

品旅游线路，全市十多家博物馆、纪念馆实行夜间开放，2021 年全新打造"羊城夜市"夜间消费城市品牌，为旅游业注入新动力。

广州高度重视粤港澳大湾区旅游合作，积极推进大湾区旅游合作机制建设。为深入贯彻落实《深化粤港澳合作 推进大湾区建设框架协议》，由广东省旅游局、香港特别行政区政府旅游事务署、澳门特别行政区政府旅游局共同发起的粤港澳大湾区城市旅游联合会于 2017 年 12 月正式成立，广州市旅游局当选首届轮值主席单位。联合会以推动大湾区"一程多站"旅游发展为目标，分别推出包括 16 条侧重历史文化的"城市主题游"旅游路线和 15 条突出创新特色的"城市花样游"旅游路线，并推动 144 小时过境免签政策落地实施。广东省文化和旅游厅等单位打造的《我爱湾区我代言》粤港澳大湾区文旅资源推介会系列活动串联起广州、深圳、珠海、中山、香港、澳门各地的文化名片，联手打造大湾区文化遗产游径，并赴全国主要客源地开展路演推介。广州还与港澳加强旅游人才培养交流，合作共建粤港澳大湾区旅游职业联盟、粤菜发展研究院和亚洲美食文化教育联盟等平台，促进文化旅游智力资源共享。

为加大旅游业在全球的宣传推广力度，广州持续赴境内外重要客源地开展文化旅游资源宣传活动，全球旅游推广网络布局逐步完善。广州国际旅游展览会是国内创办历史最早、举办时间最长的大型国际旅游展览会，经过 20 多年的发展，已经成为最受海内外旅游业业界关注的国际性专业展会。在韩国统营市举办的亚太城市旅游振兴机构（TPO）第 8 届总会上，广州国际旅游展荣获大奖"最佳营销活动奖"，充分表明国际社会对该平台的高度认可。2018 年以来，广州创新举办"国际旅游知名人士·幸福广州之旅"活动，邀请来自不同国家和城市的国际知名人士家庭来广州"过年"，发挥节庆营销作用。广州还与世界旅游联盟、亚太城市旅游振兴机构、世界旅游城市联合会、亚太旅游协会等国际旅游组织展开广泛联络，在四大国际社交媒体平台（Facebook、Twitter、Pinterest、YouTube）发布推文近万篇，共同打造广州旅游国际口碑。

以粤菜为代表的广州美食文化享誉海内外。由《环球时报》发布的《2019 年粤菜海外影响力分析报告》显示，粤菜在中国八大菜系的国际认知度中排名第一。自 1987 年起，广州市旅游部门每年举办"广州国际美食节"活动，形成了集饮食、娱乐、商贸、旅游于一体的著名旅游节庆活动，规模和影响力逐年扩大。2015 年，广州成为全国首个超过千亿元住宿餐饮大市。2019 年 5 月举办的广州亚洲美食节吸引了亚洲国家驻穗领馆代表、海内外美食行业领袖、文化界知名人士等千余名嘉宾参加，以美食文化为切入点，共商亚洲文明交流与发展之道。其间，广州发布了全市特色美食街区和"寻味广州"旅游线路，并邀请 22 个亚洲国家驻穗领馆共建亚洲美食节主宾国联动机制，成立亚洲美食文化产业发展战略联盟，这两项成果被纳入亚洲文明对话大会成果清单。广州还举办了博古斯世界烹饪大赛 2022 中国区选拔赛，承办由 5 部委和广东省政府主办的"中华美食荟"暨粤港澳美食嘉年华等活动，使广州作为美食之都的形象进一步深入人心。

（三）各层次教育对外合作扎实推进

从基础教育到高等教育，从普通教育到特色职业教育，广州各层次教育对外交流合作稳步开展、影响范围逐渐扩大，通过全方位开展合作项目与活动，整体提升了广州市教育国际化水平。

　　广州始终坚持基础教育国际交流合作，通过与海外友好城市及港澳台地区学校交流往来，缔结"友好学校""姊妹学校"关系，实现了优势互补、资源共享的良好效果。截至2023年12月，广州中小学缔结国际姊妹学校已达121对，穗港澳姊妹学校（园）389对，已形成长期稳定的交流合作机制。定期开展教育交流合作与师生友好互访活动，组织数十个海外研学团组赴美国、英国、德国、俄罗斯、日本、西班牙、瑞典、法国等国家研学，德国法兰克福、英国布里斯托尔、新西兰奥克兰、日本福冈等地教育代表团来穗交流，教育交流收获丰富。拓展友好学校创新合作，与加拿大艾伯塔省深入开展STEM（科学、技术、工程和数学教育）合作，成为中加两国新型国际教育合作的重要里程碑。积极引入国际化特色民办学校，其中与伊顿、哈罗、温切斯特齐名的英国四大公学之一英国斐特思公学将首个海外分校落户广州市增城区，新加坡华侨中学在中新广州知识城建立第一个海外校区，充分表明海外学校对广州教育品质的认可，为广州进一步扩大优质教育资源供给。2021年3月，广州暨大港澳子弟学校正式落户，并于2021年9月正式开学，这是粤港澳大湾区乃至全国首家港澳子弟学校，广州作为粤港澳大湾区教育文化中心的地位不言而喻。

　　广州以教学科研合作、建设高校联盟、开设孔子学院等方式，促进高等教育资源跨国流动。广州与友好城市之间创设的广州国际友城大学联盟，截至2023年底，成员已达22所。在与粤港澳大湾区高等教育合作方面，广州于2018年12月启动与中国教育科学研究院共建教育综合改革实验区项目，成立粤港澳大湾区教育研究中心，成功举办三届大湾区教育合作发展圆桌对话，为打造粤港澳国际教育新高地提供高质量智力支撑。2022年6月，香港科技大学（广州）经教育部正式批准设立，这是《粤港澳大湾区发展规划纲要》颁布以来首个获批筹建的具有法人资格的内地与香港合作办学机构，是《广州南沙深化面向世界的粤港澳全面合作总体方案》出台后落成的首个重大项目，也是广州第一所合作办学机构、南沙区内的第一所高校。广州大学已在海外建立了三所孔子学院，分别是意大利帕多瓦大学孔子学院、美国卫斯理安学院孔子学院、伊朗马赞德兰大学孔子学院，形成了欧洲、美洲和亚洲各有一所孔子学院的多点布局。

2019 年 1 月印发的《国家职业教育改革实施方案》明确职业教育与普通教育同等重要的地位，指出要借鉴国际职业教育先进经验做法，大幅提升新时代职业教育现代化水平。广州大力发挥教育在对外开放中的先导性作用，围绕人才培养、培训、科研、学术等方面开展特色教育合作，推进广东省"一带一路"职业教育联盟和华南"一带一路"轨道交通产教融合联盟建设，打造广州国际友城职教联盟，有力扩大教育国际交流的覆盖领域。广州通过建立海外工作站、工作室等载体，稳步推进"职校教育走出去"。例如广州市旅游商务职业学校与葡萄牙联合开设的中华茶艺工作室、中餐烹饪工作室、葡国菜工作室、波特酒工作室等项目被纳入葡萄牙国家旅游局友好合作协议框架，与匈牙利禅武国际联盟合作拓展与欧洲国家的武术职业教育合作，有力推动中华优秀传统文化元素走向国际，坚定文化自信。

五、开展形象传播，国际交往影响大幅提升

广州积极融入国家"大外宣"工作格局，着力提升对外传播能力，通过精心谋划顶层设计，多措并举大力宣介，借助国际会议、外事外交、联合报道等重大活动打造传播平台，持续擦亮"千年商都""世界花城""美食之都"等城市品牌，使城市形象更加深入人心，让广州故事、广州声音传向海外。

（一）《财富》论坛开展全球路演推介

重大国际高端活动是中国与世界对话的舞台，同时也是高效传播城市形象的重要契机。2017 年，广州借助举办《财富》全球论坛之机，策划开展了为期一年的海内外城市形象推广活动，为广州迎来了全球主要媒体和国际社会关注聚焦的城市形象对外传播高峰。2017 年 1 月，利用达沃

斯世界经济论坛，广州向位列全球前一千名、引领世界经济潮流的跨国公司，以及各自领域内最有世界影响力的决策者和领导者等世界经济论坛成员发出"2017《财富》全球论坛"预告及参会邀约。2017 年 3 月，利用博鳌亚洲论坛，重点向本次《财富》全球论坛亚洲主场的政、商、学界领袖发出"财富之约"。2017 年 9 月，利用世界航线发展大会，结合广州2018 年世界航线发展大会主办权接旗仪式，向来自全球的航空公司、机场以及城市代表、旅游机构、国际组织等业界人士介绍广州，宣传广州美丽宜居的城市形象和堪称"连接世界的节点"国际航空枢纽形象，使《财富》全球论坛推广活动成为吸引外界资源的重要桥梁。

为深入开发和全面利用 2017 年《财富》全球论坛对广州的城市宣传推广价值，广州精心策划组织了世界重点城市路演系列活动，使得广州成为《财富》全球论坛举办 13 届以来首个进行精细化、精准化全球路演策划和实施的承办城市，同时也为全球企业和国际社会了解中国、认识广州以及广州企业走向世界提供了一个重要对接平台。按照全球 500 强企业聚集地、广州主要经贸伙伴地区的标准，广州选择了 13 个世界重要城市开展《财富》全球论坛推介活动。其中，在拥有约 1/4 世界 500 强企业的美国举办了纽约、华盛顿、芝加哥、旧金山等 4 场推介会，形成了 3 次推介舆论热潮；在世界 500 强企业分布数量排名第三至第六位的日本（东京）、法国（巴黎）、德国（慕尼黑）、英国（伦敦）分别召开 1 场推介会；在与广州经贸联系最为紧密的亚太地区选择香港、台北、新加坡各召开 1 场推介会；针对大陆世界 500 强企业最为集中的北京、上海地区各召开 1 场推介会。全年波段式的推广活动不仅是历届举办城市中的首创，且在论坛期间成功达到全球关注度顶峰，取得了极为良好的媒体影响和国际受众反馈。（见表 3 - 7）

表 3 - 7 广州《财富》全球论坛重点城市路演系列活动安排

序号	日期	活动内容	推介主题
1	2016 年 12 月 6 日	北京推介会	路演起点

续表 3 − 7

序号	日期	活动内容	推介主题
2	2017 年 1 月 20 日	巴黎推介会	海外首秀
3	2017 年 2 月 27 日	香港推介会	穗港合作
4	2017 年 3 月 13 日	纽约推介会	视觉名片
5	2017 年 3 月 14 日	华盛顿推介会	美媒聚焦
6	2017 年 4 月 25 日	东京推介会	汽车为媒
7	2017 年 4 月 27 日	新加坡推介会	宜居宜业
8	2017 年 5 月 15 日	台北推介会	两岸情谊
9	2017 年 6 月 8 日	芝加哥推介会	枢纽城市
10	2017 年 6 月 12 日	慕尼黑推介会	智能制造
11	2017 年 6 月 14 日	伦敦推介会	金融合作
12	2017 年 7 月 27 日	上海推介会	信使起航
13	2017 年 9 月 21 日	旧金山推介会	创新互鉴

广州在《财富》全球论坛的推介全程中，构建了"主流媒体首发—政务新闻网站、商业网站、社交媒体、自媒体二次传播—杂志、传统纸媒、电视节目深度挖掘报道"的完整传播链条，形成了传播覆盖广、传播规格高、境内外媒体互动强等积极效果。在新闻首发环节，全球主流媒体广泛覆盖。据不完全统计，共有 89 家国内外媒体 420 多名记者直接参与了 2017 广州《财富》全球论坛和《财富》国际科技头脑风暴大会的报道，41 场次论坛累积 1280 多人（次）记者参与报道，境内外主流媒体报道量超过 24330 篇次，语言覆盖英语、日语、法语、西班牙语、俄语、阿拉伯语、韩语、德语、葡萄牙语等十余个语种。在深度挖掘报道方面，围绕广州城市新气象、新商机、新使命等重点议题，安排专访活动，充分展现广州在经济政治文化社会生态等方面建设的新成就新成效，为媒体进行专题深度报道提供丰富素材。论坛期间，新闻宣传团队安排 7 场城市专访，邀请市直有关部门、市属企业以及广州地区知名人士与媒体见面，介绍广州经济发展情况以及论坛举办给广州带来的新发展机遇；为媒体提供 218 位嘉宾专访预约服务，路透社、《金融时报》、新华社、《人民日报》、

中央电视台财经频道、中国国际电视台等国内外重量级媒体刊播嘉宾访谈稿件 200 多条。①

（二）"世界花城"品牌塑造深入人心

广州素有"花城"美誉，长达 1700 多年的花文化伴随和见证了城市的历史演变和发展。特殊的地理位置、优美的自然风光、深厚的人文历史以及良好的对外开放传统是广州打造"世界花城"城市品牌的独特基础。近五年来，广州围绕"花城"主题开展了一系列传播活动，极大地提升了广州城市国际形象与影响力。市各有关单位围绕"花城"主题形成了各具特色的周期性宣传活动，其中以迎春花市、广州园林博览会等大型活动最为知名，为广州带来井喷式增长的外来游客和媒体曝光度。2016 年起，"中国广州发布"和广州日报摄影部联合启动了羊城"百花奖"摄影比赛，通过微信征集摄影爱好者的花卉摄影作品，活动一经推出便获大量转发、投稿与"点赞"。围绕"花城"品牌的塑造和营销，广州做了大量基础性工作，牢固奠定了"花城"的主要内涵，表达了广州的城市品质与追求，为城市整体形象的宣传推广积累素材、积蓄能量。

在新媒体时代外宣方式日益多元化的趋势下，2017 年，广州抓住新年将至的时间节点，面向海内外策划推出了"花城"神曲《发歌》，引发了广泛关注和传唱。《发歌》创作团队以"千年商都 美丽花城"为主题，充分结合广东的民俗文化特色挖掘卖点。从歌名上，《发歌》融通粤语发音的"花"与"发"、英文中的"FUN"和幸运数字"8"，巧妙连接起"花城"与"商都"的关系，表达在广州可实现"发展、发财、发达"的理念。从创作上，《发歌》创作采用了岭南民族风舞曲 + 说唱的音乐风格，歌曲 MV 中融入逛花街、赛龙舟、饮早茶等岭南传统文化元素，将广

① 姚宜、胡泓媛：《广州城市形象传播的新策略——以广州〈财富〉全球论坛的传播为例》，转引自《广州城市国际化发展报告（2018）》，社会科学文献出版社 2018 年版。

州建设国家历史文化名城、国际商贸中心、枢纽型网络城市的发展定位精心传递给世界。《发歌》首发短短一周内，中国网发出的视频文章浏览量就超过2000万人次。新华社新闻稿《广州"神曲"向世界传递共同繁荣美好愿望》在10个国家以9种语言同时发布，在各国主流媒体、门户网站及重点新闻信息服务平台广泛转载。

为进一步体现花文化的普适性和共通性，广州结合共建"一带一路"的重大历史主题，瞄准阿根廷、巴基斯坦、埃及、新加坡、英国五个沿线国家，重磅打造了"丝路花语"城市形象海内外传播项目，国别覆盖亚洲、欧洲、美洲和非洲，形成完整的海丝"地图"，有力凸显了广州这一千年商都和开放门户的战略定位。"丝路花语"以来信、回信的悬疑式手法吸引读者眼球，以"花语"拟人化的手法体现讲故事的亲切感。以2017年5月14日在《广州日报》投放的半版《你有一封"丝路花语"的来信》彩色图文作为起点，引发关注。短短一周内，阿根廷《号角报》、巴基斯坦《新闻报》、埃及《金字塔报》、新加坡《海峡时报》、英国《每日电讯报》等各国权威主流媒体分别选择本国国花木棉花、素馨花、莲花、兰花、玫瑰花来对应广州"开放、美丽、活力、友好、包容"的城市气质，以"鲜花寄语"的形式整版讲述广州的历史故事与时代变迁。随后，《华尔街日报》《广州日报》分别整版投放了广州给"丝路花语"的"回信"*Guangzhou, Flower City in Bloom*（《花开广州·盛放世界》），《广州日报》刊发活动总结文章《全球1亿人看广州"爆款文"》，全方位详细报道"丝路花语"国际传播情况并获重要媒体转载，再次为广州提升知名度。

广州自1950年首次开办"除夕花市"，改革开放以来花市进入蓬勃发展期。2010年，"迎春花市"被列入广州市非物质文化遗产名录，"行花街、逛花市"的传统不断发扬光大。如今每年春节期间，广州的迎春花市都在各区共同举办，2013年起全新打造的"广州过年，花城看花"金字招牌越擦越亮。为提升花市与"花城"的国际知名度，2018年2月广州首次开启海外花市，在巴黎共和国广场举办了名为"当广州遇见巴黎——'花城'魅力之夜"的海外花市新春灯光音乐秀，讲述广州的"花城"形象与春节文化故事。2019 年 2 月，广州海外新春花市来到位于美国纽约的哥伦比亚大学校园，以"邂逅哥大——广州海外新春花市嘉年华暨广州故事会"为主题推介花市、民俗和粤式美食，中外学子畅谈广州和纽约的"双城故事"。2020 年 1 月，以"花开双城"为主题的海外花市再次在巴黎举行，深化中法交流友谊。2021 年，越秀西湖花市"行花街"民俗成为广州第一个，也是目前唯一被推荐列入国家级非物质文化遗产代表性项目名录的春节民俗。

（三）中外友好交流故事会开辟新舞台

故事是生动、饱满、易于理解的"世界语"，广州的故事带有全球化的印记。2018 年起，广州接连"借船出海"，结合国家重大外交活动，先后在中国与巴拿马、巴布亚新几内亚、文莱、韩国、日本、意大利、希腊、西班牙等国举办中外友好交流故事会，从微观鲜活的视角讲述一个个两国老百姓共同奋斗和友好往来的故事，开辟出全新的城市故事空间。（见表 3 - 8）

表 3 - 8　广州赴境外举办的中外友好交流故事会一览

故事会	时间	举办背景	故事会主题	选题联结点
中国—巴布亚新几内亚（莫尔兹比港）	2018 年 11 月 12 日	习近平主席出席亚太经合组织（APEC）第二十六次领导人非正式会议并对巴布亚新几内亚进行国事访问	把握包容性机遇，拥抱数字化未来	民间友好交往带动政企合作
中国—文莱（斯里巴加湾）	2018 年 11 月 15 日	习近平主席对文莱进行国事访问	传承友好情缘，共享开放成果	人文交往密切，两国交好历史悠久

续表 3－8

故事会	时间	举办背景	故事会主题	选题联结点
中国—巴拿马（巴拿马城）	2018 年 11 月 21 日	中国和巴拿马建交一周年，习近平主席对巴拿马进行了国事访问	"一带一路"连中巴合作共赢谋发展	广州花都是巴拿马侨乡
中国—韩国（首尔）	2019 年 6 月 10 日	配合 G20 峰会的"魅力中国——广东文化周"活动	深化合作交流，促进民心相通	中韩经济、文化交流频繁
中国—日本（大阪）	2019 年 6 月 12 日	配合 G20 峰会的"魅力中国——广东文化周"活动	新时代新视角，共进发展新格局	友城情愫、文化交融和产业共进
中国—意大利（米兰）	2019 年 9 月 4 日	"读懂中国·广州国际会议"宣传	共叙中意友好故事，谱写中意友谊新篇章	中意再续丝路之缘
中国—希腊（雅典）	2019 年 9 月 6 日	"读懂中国·广州国际会议"宣传	携手多彩文化、加强文明交流互鉴	两个古老文明的对话
中国—西班牙（马德里）	2019 年 9 月 8 日	"读懂中国·广州国际会议"宣传	"一带一路"促进中西多领域全方位合作	广交会、广式点心、足球促成的老朋友情谊
中国—意大利（罗马）	2023 年 11 月 16 日	"魅力中国——广东文化海外行"系列活动	文明互鉴，民心相连	"千年商都"遇上"永恒之城"
中国—希腊（雅典）	2023 年 11 月 20 日	"魅力中国——广东文化海外行"系列活动	"爱琴蓝""中国红"共绘绚烂丝路	海洋文明、港口贸易、饮食文化

　　广州中外友好交流故事会在内容的选取上涵盖了经贸、科创、文艺、教育等多个领域，用一个个鲜活的例子以小见大，多角度、多层次地勾勒

出中国和对应国家友好关系发展的社会画面。同时，不同国家故事会的主题和侧重各有不同，充分体现了故事会在选材上的精细化和精准化。例如中国—巴拿马友好交流故事会基于广州花都华侨华人和巴拿马深厚的历史渊源，在素材的运用上也注重融入更多侨乡花都的元素；中巴、中文、中巴新三个国家故事会侧重于深耕民间友好往来的经验，分别挖掘美食、武术、海外援助等主题；中意、中希、中西故事会以携手共建"一带一路"为大背景，更着眼于各国与中国及广州的经贸往来交流故事，从不同侧面反映了中外交往的着力点和关切点。

广州中外友好交流故事会打破了地方讲述国家故事"自说自话"的单向传播模式，坚持双边思维和国家站位，从中外两地听众的不同视角出发，聚焦双方互利共赢。例如在中韩友好故事会上，韩国 LG 集团代表、中国科大讯飞代表、韩国 SKC 负责人等就经贸和科创领域展开叙述，给观众提供了不同的角度，同时也增加了故事和两国观众的关联性，使其更具感染力；在中巴友好故事会上，来自中国与巴拿马的专家学者分别从中国和巴拿马的视角畅想中巴如何继往开来，携手塑造世界"和合之美"。广州中外友好交流故事会系列活动体现出较强的议题设置能力，并与海内外媒体的国际传播保持同频共振。以中巴新、中文故事会为例，《人民日报》、新华社、中央电视台、《中国日报》等中央媒体，以及巴布亚新几内亚《国民报》、文莱《诗华日报》等当地主流媒体都参与到故事会活动的报道过程中，形成内外联动的宣传效应。

故事会上不仅有故事讲述，还穿插着两国特色节目和合作演出，大大增强了活动表现力和吸引力。在部分故事会中，嘉宾既是讲述者也是表演者，如在中意友好故事会上，歌剧《马可·波罗》男主角、意大利男高音朱塞佩·塔拉莫分享歌剧的创作历程并用中文深情演唱《我爱你中国》，另有来自广州星海音乐学院的青年演唱家演绎意大利经典歌剧，展现出中意两国以文化艺术为桥梁的生动成果；中韩故事会上，韩国文化名片《乱打神厨》主创团队和中方合作伙伴登台讲述如何用逾 300 场演出征服广州近 30 万名观众的故事，表演引爆舞台；在中日友好故事会上，日方带来太鼓、三味线乐器表演，中方也进行了粤剧、"肩上芭蕾"杂技等特色表演，广州漫画家现场作画赠送给日本福冈，充分传递了艺术无国界的理念，反映了中外人文交流的无限合作空间。

六、优化配套服务，国际交往环境明显改善

广州在国际化服务环境建设方面起步较早，形成较为成熟的统筹管理机制和相关行政服务。全市各部门、机构为中外居民提供日益丰富和具有国际水准的生活服务，目前正在系统性推进国际化街区试点建设工作，将以此为抓手进一步改善国际交往环境，为建设国际交往中心城市打下坚实基础。

（一）国际化行政服务持续优化

广州作为我国对外开放的前沿阵地，在为国际交流往来提供配套服务支撑方面走在全国前列。从 2003 年开始，广州市就建立了"一套组织架构、一个信息系统和一支执法队伍"的"大外管"格局，在政府层面构建了由 44 个政府职能部门组成的外国人管理工作联席会议架构，建立起多项完善的工作规范和机制，形成各部门责权明确、运转高效的国际化服务协调联动体系。为了迎接亚运会的举办，2005 年广州制定了《广州市优化涉外服务环境提高国际化程度工作方案》，明确了广州完善国际化服务环境、提高城市国际化程度的总体要求，以政府机关、涉外服务行业、新闻媒体、公共场所标识等为重点，通过增设政府英文网站、规范政府信息英文翻译、改善涉外服务质量、提高公务员和涉外从业人员英语水平、规范公共场所英文标识、发挥新闻媒体对外宣传优势、在市民中普及英语学习等途径，为建设全市国际化服务环境做出了初步指引。近几年，广州出台的《广州建设国际交往中心三年行动计划（2018—2020 年）》《广州建设国际交往中心"十四五"规划》中分别设置"优化国际化服务环境"专题内容，积极探索涉外服务模式创新路径和具体举措。

在政府行政服务能力方面，广州的审批服务流程持续优化，服务效率与水平不断提高。广州首开全国先河，在外国人居住较多或涉外商贸场所较多的街镇建立"外国人管理服务工作站"，来穗外籍人员可以在工作站享受到临时住宿登记、法律咨询、生活资讯、外币兑换等"一门式"服务。2015 年 8 月，国际移民组织时任总干事威廉·斯温（William Lacy Swing）到广州考察时表示："广州市外国人服务管理工作的做法与效果超乎其想象，这里综合、全面的服务，让外国人感到宾至如归。"广州以"出入有境、服务无境"为理念，持续推进出入境管理服务窗口国际化建设，打造全市政务服务标杆。2012 年，广州开发互联网申请居留许可和签证平台，方便境外人员在线预申请出入境证件。2016 年，广州南沙等 7 个区开办外国人签证证件签发业务，辖内外国人不必再去市公安局出入境办证大厅定点申请，在"家门口"即可办理。2017 年，研发推出出入境业务网上智能咨询服务系统境外人员服务板块，方便境外人员在线业务咨询。① 2019 年，南沙区政务中心设立"一带一路、粤港澳大湾区、国际营商通"涉外综合服务平台，为外籍人员在南沙居住、创业、就业、科研、境外投资等主题内容提供多语种咨询解答，打破以往"办多件事跑多个部门"的办事模式，大大提升各类政务服务事项的办理效率。2021 年，广州公安出入境管理部门开通涉外综合事务咨询服务专窗，为有关外国人签证申请、旅游出行、就学教育、投资创业、工作就业、司法公证、婚姻登记、购车购房、医疗卫生等业务资讯及办事指引提供"一站式"解答，极大地便利了国际人士在广州的工作与生活。

在语言环境建设方面，自《广州市公共标识英文译法规范》（2018 版）出台以来，广州全市公共场所英语标识规范化标准化建设取得显著成效。2019 年 7 月 31 日，广州多语种公共服务平台正式上线，覆盖英语、日语、韩语、法语、俄语、阿拉伯语、西班牙语、葡萄牙语等九大通

---

① 资料来源：广东省公安厅，《让数据多跑腿 让群众少奔波》，http://gdga. gd. gov. cn/jwzx/jwyw/content/post_1089256. html。

用国际语种的多语种服务热线电话 960169 同期开通，并与政府、企业公共服务及社区等应急热线建立联通工作机制，为在穗外籍人士提供通信、交通、水电煤气、银行等城市公共服务信息查询及指引。2021 年 7 月，"广州公共场所英文标识"小程序正式上线，延续 2018 年以来开展的"英文标识纠错随手拍"活动，旨在发动市民通过公共平台及时发现和纠正广州市内公共场所出现的不规范、不正确的英文标识，共同参与优化城市国际语言环境。2024 年 2 月 1 日，《广州市公共场所外语标识管理规定》正式施行，该管理规定成为全国首部专门规范外语标识的地方性法规。广州还编制了《外国人在穗指南》并不断更新，内容涵盖了城市基本情况、出入境及居留、生活资讯、安全与法规、营商投资指引等各类事项，提供集成式的信息指引。全市服务行业及政府部门从业人员外语水平持续提升，一同为在穗外籍人士在广州需要的各类日常服务提供便利。

（二）国际化生活服务内容不断扩充

为了适应日益增长的市场需求，广州提供的国际化生活服务内容也在不断扩充、丰富，服务类别不断细化、深化。例如在医疗服务方面，广州的各类医院逐渐对标国际水准，可以给中外居民提供越来越专业的医疗服务。2003 年，位于广州市番禺区的广东祈福医院成为中国首家通过国际医疗卫生机构认证联合委员会（JCI）认证的医院，此后连续七次通过该认证。2012 年，广州市妇女儿童医疗中心三个院区同时通过 JCI 认证，并以 9.94 分的优异成绩成为中国内地评分最高的医疗机构。在巩固基本医疗卫生服务的前提下，广州正在大力建设高端医疗产业集群，重点建设南沙新区高端医疗城、中新知识城国际肿瘤治疗中心、中山大学精准医学研究院等项目，打造国际高端医疗产业集群，进一步满足国内外患者的差异化需求。

广州积极引进境外优质教育资源，积极开展中外办学合作，教育国际化水平走在全国前列。2021 年启动全市教育国际化窗口学校创建工作，该项工作入选当年中国国际教育十大事件。外籍人员子女学校、港澳子弟学校共 19 所，在穗就读国际及港澳台学生达 5 万多人，国际教育资源供给更加丰富。2022 年 9 月，广州南沙民心港人子弟学校正式开学，这是内地首个非营利 12 年一贯制港人子弟学校，为在内地生活的港人子女及其他非内地籍子女提供优质教育。华南理工大学广州国际校区投入使用，探索实施"在地国际化"办学新范式，让学生在中国本地即可体验到国际化教育。雄厚的教育资源和创新的人才培养模式，不断夯实广州作为粤港澳大湾区教育中心的重要定位。

在涉外法律服务方面，近年来成立了广州国际法律服务中心、"一带一路"律师联盟广州中心等服务平台，以及广东涉外律师学院等人才培养基地，广泛依托媒体、旅游及交通枢纽等窗口开展涉外法律宣传，营造全方位的涉外法律服务氛围。随着越来越多的港澳人士来穗投资创业就业，不可避免地出现一些跨境劳动争议处理难题。早在 2012 年，广州仲裁委员会就联合港澳仲裁界在南沙共同设立了南沙国际仲裁中心，同步运行内地、香港、澳门三套庭审模式。2018 年，粤港澳大湾区仲裁联盟成立，首创民商事仲裁"广州模式"，开启了多元化庭审模式的先河。2022 年，广州南沙在全国率先推出劳动争议调解仲裁"港澳调解员 + 港澳仲裁员"全流程参调参审模式，办结全国首宗由大湾区律师任调解员的劳动争议案。司法部已连续三年举办粤港澳大湾区律师执业考试，共计已有 372 名港澳律师取得大湾区律师执业证书，多位在港澳法律界具有影响力的律师已在广州等地律所执业，开展相关法律服务活动，为广州涉外法律服务注入新力量。

（三）国际化社区管理服务加速推进

面向大量来穗生活、求学、工作乃至定居的外籍人士，广州长期推进国际化社区建设，让城市的国际化管理服务措施不断向基层延伸。2020 年起，广州以天河区辖内境外人士居住较为集中的猎德街凯旋新世界、五山街汇景新城为试点，打造广州首批国际社区，开展全新治理实践。社区服务中心均提供境外人士服务站、中外居民文化交流融情站、涉外志愿服务站、涉外人才服务站、中外居民共商共治议事厅等"四站一厅"服务，打造集事务受理、生活服务、文化交流、社区共治等服务功能为一体的综合服务平台。广粤国际社区的常住居民中有大量来自美国、澳大利亚、日本等国家的领馆工作人员、企业高管和足球俱乐部教练队员等人士，自2021年1月试运营以来定期举办国学学堂、赛龙舟、公益植树和国际美食节等中外交流活动，促进中外文明交流互鉴。大湾区"易税家"税收服务站在广粤国际社区落户，实现76项涉税费业务"云上"即时受理和46项业务"云端"自助办理，让国际人士更有归属感。

2022年3月，广州市出台《关于推进国际化街区试点建设的实施意见》，将国际化街区建设与社会治理、人才服务与城市形象宣传相结合，把国际化街区打造成广州国际交往中心城市建设与高水平对外开放的重要支点。2023年1月，中共广州市委外事工作委员会审定印发《广州市国际化街区试点建设名单》，公布同意在越秀区二沙岛片区、海珠区广州塔街区、南沙区蕉门河街区、黄埔区龙湖街区等12个国际化街区开展试点建设，打造一批具有国际水准、广州特色，功能完备、资源集聚，开放包容，和谐宜居的国际化街区试点样板。选取的12个试点建设街区具有代表性、普适性、多元性等特点，未来将分别打造产城融合型、文商旅融合型、人居环境友好型等体现不同特色的国际化街区，营造独具吸引力的、具有国际水准的宜居环境。

第四章

国内城市开展国际交往的先进经验借鉴

在中国特色大国外交全方位推进、高水平对外开放不断扩大的背景下，国内许多城市纷纷明确各具特色的国际交往中心定位，开展丰富多元的城市国际化建设实践，高质量谋划国际交往中心城市发展，呈现出千帆竞发、百舸争流的竞争态势。自北京将国际交往中心作为"四个中心"之一的建设目标后，重庆、南京、武汉、成都、西安等城市分别立足自身基础优势及未来发展目标，提出建设全国性或区域性交往中心，全力开展国际交往工作，竞相打造为代表国家参与全球竞争与合作的重要载体。学习各地建设国际交往中心城市的先进思路与做法，对广州开展相关工作具有宝贵的借鉴价值与启发意义。

一、北京：中央明确国际交往中心定位

北京是中华人民共和国首都、直辖市、国家中心城市、超大城市，国务院批复确定的中国政治中心、文化中心、国际交往中心、科技创新中心，中国历史文化名城和世界一线城市。2014 年 2 月 26 日，习近平总书记在考察北京时提出"四个中心"，要求努力把北京建设成为国际一流的和谐宜居之都，为北京国际交往中心城市建设指明方向。2017 年 9 月起实施的《北京城市总体规划（2016 年—2035 年）》明确，要加快推进国际交往中心及世界级城市群建设。党中央高度重视这项工作，专门批准组建北京推进国际交往中心功能建设领导小组，每年召开全体会议。2020 年 9 月 27 日，北京市政府正式发布《北京推进国际交往中心功能建设专项规划》，确定了"一核、两轴、多板块"的空间布局，擘画了未来 15 年国际交往中心功能建设的发展蓝图。该项规划是国内首个围绕国际交往中心功能的顶层设计，同时出台《北京推进国际交往中心功能建设行动计划（2019 年—2022 年）》，明确了国际交往中心建设的 48 项硬件项目和 30 项软件任务，清晰提出具体可操作的时间表和路线图。2021 年 9 月 16 日，《北京市"十四五"时期加强国际交往中心功能建设规划》正式发布，这是国际交往中心功能建设的第一个五年规划，成为北京加快推进国际交往中心功能建设的"施工图"。

（一）国家主场外交活动核心承载地

北京依托首都的功能优势、资源优势、平台优势，举办国际会议活动的规格和层次领先全国，在服务保障中国特色大国外交中发挥核心功能。党的十八大以来，北京建立健全重大国事活动服务保障长效机制，圆满完成了 2014 年亚太经合组织（APEC）第 22 次领导人非正式会议、2018 年中非合作论坛北京峰会、2019 年亚洲文明对话大会、三届"一带一路"国际合作高峰论坛等重大主场外交活动的服务保障工作，在推进中国特色

大国外交、塑造和提升国家形象中发挥重要作用。为充分服务保障国家重大会议活动的顺利开展，北京市人民政府于 2014 年 7 月审议通过《北京市实施国家重大活动保障措施的若干规定》，明确提出对在京举行的具有重大国际影响的国事活动、国际交往活动、国家庆典予以社会秩序、道路交通、生产经营、环境保护、舆论宣传等方面的保障措施。2020 年 3 月印发实施《北京市重大国事活动服务保障常态化工作机制》，进一步巩固完善筹办和服务保障重大活动的经验，将重大国事活动服务保障纳入首都城市治理体系和治理能力现代化中统筹谋划。

除服务国家主场外交活动外，北京还立足"四个中心"核心功能定位，积极举办各类大型国际会议活动。在京举办的会议类型层次丰富、类型全面，既包括亚太经济合作组织领导人非正式会议、亚太经合组织工商领导人峰会、"一带一路"国际合作高峰论坛、中非合作论坛北京峰会、亚洲文明对话大会、中日韩领导人会议等重大主场外交活动，中国发展高层论坛、《财富》全球论坛等高端国际会议，中关村论坛、金融街论坛、世界机器人大会等自主创办的会议品牌，还包括中国国际服务贸易交易会、中国北京世界园艺博览会等大型国际展会。据统计，2019 年北京共接待会议 23.6 万个，其中国际会议 0.3 万个。2022 年在受到客观因素影响的情况下，北京仍保持接待会议 8.9 万个，其中国际会议百余个，[①] 会议数量和规格仍领跑全国。通过充分把握首都地位带来的国际交往机遇和"四个中心"建设资源，北京用举办各类国际会议活动的实践深入促进国际国内资源对接，培育国际合作竞争新优势，为高水平对外开放注入新动能。

北京立足服务重大国事活动与举办国际会议的整体需求，加快完善相关硬件设施与服务能力，努力增强国际一流的会议综合承载功能。围绕"一核、两轴、多板块"的空间布局，持续推动国际会议场馆设施扩容与完善，截至 2022 年底，北京接待场所会议室个数为 5193 个，其中座位数

---

① 数据来源：《北京统计年鉴 2020》《北京统计年鉴 2023》。

超过 500 座的大型会议室达到 245 个；接待场所会议室使用面积达 84.6
万平方米，可容纳人数约 52.1 万人。① 北京持续优化"一核、两轴、多
板块"空间布局，除推进国家会议中心等传统会议场馆扩建，还将雁栖
湖国际会都打造为服务国家顶层国际交往、可举办全流程主场外交活动的
核心承载区，挖掘古北水镇等作为交往场所的潜力，拓展奥运会、世界园
艺博览会、冬奥会等场馆空间建设，打造一批功能复合、环境优良、底蕴
深厚的高品质承载空间。在国际会议服务水平方面，北京围绕统筹保障功
能需求，完善参访活动线路、文化交流节目、礼宾接待用品、餐饮交通设
计等资源储备，建设多语种翻译、学生志愿者、安保服务人员等人才队
伍，以高水准、高品质的"北京服务""首善标准"赢得国际上的广泛
认可。

（二）发挥首都优势吸引国际组织总部

传统的国际组织，尤其是政府间国际组织在考虑总部选址时大多将政
治因素放在首位，北京作为我国的政治中心，在吸引国际组织机构落户方
面具有得天独厚的优势。截至 2023 年底，在京落户的国际组织总部及代
表机构共 115 家，各类国际组织总部和代表机构数量均居全国首位。其中
既有国际竹藤组织、亚太空间合作组织、亚太农业工程与机械中心、上海
合作组织、亚洲基础设施投资银行、全球音乐教育联盟等国际组织总部，
联合国开发计划署驻华代表处、联合国世界粮食计划署中国办公室、世界
知识产权组织中国办事处等国际组织分支机构，以及城市气候领导联盟、
宜可城—地方可持续发展协会等城市国际组织的代表处。其中，国际竹藤
组织是第一个把总部设在中国的独立的、非营利性政府间国际组织，亚太
农业工程与机械中心是第一个将总部设在中国的联合国官方机构。选址在
京不仅仅是国际组织出于对政策法律支持等环境的考虑，也是对北京的综
合实力、人文资源以及其他基本设施条件等的高度认可。

---

① 数据来源：《北京统计年鉴 2023》。

为了推动城市与相关机构间在旅游信息、客源市场等方面的交流合作，北京于 2011 年初开始筹备成立一个非政府、非营利性的旅游领域国际组织。2012 年 9 月 15 日，由北京牵头，国内外知名旅游城市共同发起的世界旅游城市联合会正式成立，成为首个总部落户中国、落户北京的国际性旅游组织，也是全球首个以城市为主体的国际性旅游组织。世界旅游城市联合会会员数量已从最初的 58 个发展至当前的 246 个，覆盖全球 86 个国家和地区，其中城市会员 164 个，机构会员 82 个，6 个分会会员总数 357 个，被誉为成长最快的国际旅游组织。世界旅游城市联合会以"旅游让城市更美好"为主题，形成"香山旅游峰会"以及"香山奖"评选等品牌性活动，为扩大先进旅游城市经验影响搭建平台。此外，联合会还制定和发布了《世界旅游城市发展报告》《世界旅游城市品牌建设行动计划（2018—2027）》《世界旅游经济趋势报告》等研究成果，每年统计世界旅游城市发展综合排名以及城市知名度、产业景气度、城市智慧度、旅游便捷度、经济贡献度、旅游满意度等不同维度和领域的排名，为世界旅游城市的发展提供智力支持和决策参考。

由于北京与国际组织往来频繁密切，北京市政府高度重视参与国际组织的顶层设计，较早开始制定相关条例和规划，为更好地融入和服务国际组织提供保障和支撑。1991 年，外交部、财政部印发《参加国际组织的审批及经费管理规定》，北京市财政局、北京市人民政府外事办公室、北京市对外经济贸易委员会、北京市科学技术委员会根据实际情况对北京市参加国际组织的审批和经费管理问题做补充规定。2022 年，北京出台全国首个针对国际组织便利化服务的文件《支持国际组织落户的若干措施》，为重点国际组织提供全生态"管家式"支撑。北京还以政策为引领，积极打造国际组织集聚区。2023 年 5 月，全国首个国际科技组织总部集聚区落户北京市朝阳区，国际氢能燃料电池协会、国际动物学会、国际数字地球学会等 8 家国际科技组织首批入驻。通州区也在规划建设国际组织集聚区，争取更多国际组织、跨国公司总部和国际专业机构落户，汇聚服务首都高质量发展的更多高端资源要素。

（三）高站位开展首都友城结好交往

1979 年 3 月 14 日，北京市与日本东京都正式缔结友好城市关系，东京都成为北京第一个国际友好城市。自此以来，北京友城工作已经走过40 多年，"朋友圈"遍布全球，并通过友城平台不断加强文化、科技、体育、交通等多领域的交流合作。截至 2023 年底，北京市区两级国际友好城市和友好交流城市达 263 个，其中包括 55 对市级友好关系，绝大多数为首都城市，覆盖世界主要国家和地区。朝阳区与 28 个外国城市或城区，东城区与维也纳市第九区、东京都新宿区、首尔市钟路区、西城区与首尔市龙山区、东京都中野区、美国丽浪多市、帕萨迪纳市等分别建立了区级友好城市或友好城区关系，形成了全方位、立体化的友城格局。友城结好与合作逐步成为北京服务国家总体外交、助推首都经济社会发展、增进中外人民友谊的重要渠道和平台。

北京创设了多个友城人文交流品牌活动，以友城公务员、教师、青少年等为重点群体，以汉语培训、文化交流营、社会实践等为主要形式，大力增进友城人民对中华优秀文化与北京城市发展的理解认知。2009 年，北京市外办与北京市教委联合创办"北京友好城市汉语培训班"（后升级为"北京国际友好城市官员汉语培训班"），逐步发展成为友城工作的品牌活动，为提升中华语言文化的海外影响力发挥了突出作用。北京团市委、市外办、市友协等单位于 2012 年共同创办"国际青年组织论坛暨北京友好城市青年交流营"，并于 2014 年发起"未来领袖 青春使者"国际青年夏令营，迄今吸引来自 60 多个国家和地区的千余名中外青年参与，2020 至 2022 年多场"云分享""云对话""云实践"，为世界各国青年交流互动搭建平台，持续扩大各国青年知华、友华、爱华的"交际圈"。

作为中韩两国的首都，北京与首尔于 1993 年建立友好关系。2013 年4 月，在北京市与首尔市结好 20 周年之际，两市政府共同建立了"北京—首尔混委会"（以下简称"混委会"）合作机制，统筹推进双方在多领域的深入交流合作，成为北京与国际友城之间建立的第一个市级政府间综合性合作交流平台。混委会由双方市长担任共同名誉主席，下设秘书处、经济组、文化组、教育组、环保组，聚焦各类城市可持续发展等议题，探讨两市合作前景与方向。北京与首尔轮流举办两年一次的混委会全体会议，2022 年 3 月举办第三届会议，就加强两市友城关系、筹备第四次全体会议等事宜达成一致。混委会成立十多年来推动了北京与首尔经济、文化、教育、环境等领域的 30 余个职能部门高效对接，为两市创造了百余个合作项目和交流活动，成为首都城市间务实合作的典范。

（四）打造世界文明互鉴的首要窗口

北京是面向世界讲述中国故事、展示大国文化风范的首要舞台，以"一核一城三带两区"为总体框架，推进全国文化中心建设，加强国际文化交流，展现大国首都文化魅力。2020 年，北京市发布《关于新时代繁荣兴盛首都文化的意见》和《北京市推进全国文化中心建设中长期规划（2019 年—2035 年）》，强调构建古都文化、红色文化、京味文化、创新文化"四个文化"基本格局，明确建设"具有国际竞争力的创新创意城市""彰显中华文化魅力的世界旅游名城""面向世界的文明交流互鉴首要窗口"等目标。围绕国家主场外交和重大外事活动，北京全力做好文化服务保障，向世界展示中国文化的独特魅力和城市发展的最新亮点。策划北京国际音乐节、北京国际电影节、北京国际设计周、北京国际摄影周等知名活动，形成国际文化展会活动的"北京样板"。在文化"走出去"方面，北京积极构建对外文化交流的立体体系，打造"北京周""北京日""北京之夜"等品牌活动，每年向多个国家和友好城市讲述北京故事。自 2002 年起，北京在海外举办的"欢乐春节"已在 30 多个国家和地区留下足迹，连续 18 年在芬兰首都赫尔辛基、连续 15 年在爱沙尼亚首都塔林举办春节文化庙会，开展全球吉庆生肖设计大赛、生肖快闪等活动，让世界更好地理解中国节庆形象、感知北京文化魅力。

北京旅游业的配套基础设施完善，服务质量持续改善提升，旅游市场规模不断拓展，为深化国际旅游合作奠定良好基础。"十三五"期间，北京市接待旅游总人数 15 亿人次，实现旅游总收入 25549.4 亿元，接待入境游客 1620.5 万人次。北京立足自身丰厚的文化底蕴，区分不同客源市场偏好，实施精准旅游营销，设置了入境旅游奖励专项资金、会议与奖励旅游奖励资金、境外游客购物离境退税、144 小时过境免签等一系列政策措施，推动入境旅游健康发展。2018 年以来，"北京入境旅游全球战略合作伙伴计划"正式启动，成为中国乃至亚太地区首个由政府牵头与国际旅行商探索建立的战略合作创新机制。北京针对主要的入境游客源市场，在每个国家筛选 3 到 5 家当地最有实力的旅行商，最终确定与全球 30 家知名旅行商建立为期三年的合作关系，着重向世界推介古都游、首都游、民俗游、时尚游、美食游等特色旅游线路与产品，为扩大北京作为旅游目的地的知名度和吸引力发挥积极影响。

奥运会作为世界规模最大的综合性运动会和最受全球瞩目的国际体育盛会，对于主办城市而言有着巨大而深远的经济社会效益。2008 年北京奥运会的举办吸引了全球各地大量友人访问北京，修建的顶级体育场馆设施集中提升了城市基础设施水平及现代化国际化水平，在向世界展示大国大城强劲实力的同时，为各行业发展创造了奥运经济的溢出效应。2022 年冬奥会和冬残奥会的举办，使得北京成为世界上唯一举办过夏季和冬季奥运会的"双奥之城"。冬奥会给北京冰雪运动、冬季文旅等产业的发展都带来了全新机遇，北京市文旅部门 2021 年从冰雪休闲运动、文博展览与演出、特色美食以及春节民俗体验等多个方面策划旅游推广内容，借势策划推出了 22 条冰雪旅游精品线路及北京首份冰雪旅游地图，推动北京成为全球冰雪运动、体育旅游和休闲消费目的地，激发文旅产业新动能。

作为全国的文化和科技创新中心，北京在智库建设方面亦有独特优势。根据上海社会科学院智库研究中心发布的《中国智库报告（2020—2021）》，北京拥有 247 家智库，约占全国智库数量的四分之一，综合影响力最强的国家党政军/科研院所智库或部委直属事业单位智库也全部位于北京。①此外，在京高校和民间智库在与中央政府合作开展对外交流中也有着先天优势，例如清华大学中美关系中心与中国人民对外友好协会和财政部中美战略与经济对话办公室、察哈尔学会与全国政协外委会、北京大学中国国际战略中心与外交部等机构存在密切合作关系，有效推动了智库国际影响力的扩大与提升。北京借助国家重大外事活动机遇，积极举办国内外智库交流活动，例如由清华大学中国与世界经济研究中心和重建布雷顿森林体系委员会共同主办的金砖国家经济智库论坛、"一带一路"国际智库峰会连续在北京举办，以金砖国家合作和共建"一带一路"为契机，推动北京智库与全球其他智库开展内容深刻、形式丰富的学术交流合作；由中国国际经济交流中心创办的全球智库峰会已在京举办七届，成为全球知名智库机构和专家学者智慧交流的公共外交平台。

（五）借力国际视角讲好首都故事

北京的城市形象特质中，行政色彩、历史文化、国际风范兼备，且北京善于发动海外媒体、外国记者、外籍友好人士与新媒体从业者等参与到城市形象的传播过程中，面向国际社会起到了"借嘴发声"的良好效果。北京积极借助举办重大国际会议活动、重要时间节点等契机，设计专题采访邀请外国媒体记者参与，作为对外宣传推介的重要环节。"长城好汉"全球创意营销推广活动邀请在京生活多年、具备一定知名度和影响力的外籍代表，共计30个国家1600余人参与推介，国内外100多家媒体进行报道，覆盖超过8000万网络受众，向世界充分展示北京国际形象。2019年，北京围绕庆祝新中国成立70周年活动主题推出城市采访活动，吸引来自68个国家的82家媒体的103名记者参访。创办于2016年的"丝路大V北京行"活动已连续举办至9届，累计邀请49个"一带一路"国家的百位前政要、智库学者、媒体记者和网红博主等参与其中。《中国城市海外影响力分析报告（2022）》显示，北京海外关注报道量呈逐年走高态

---

① 数据来源：上海社科院智库研究中心，《中国智库报告（2020—2021）》。

势，2021 年至 2022 年，海外主流媒体关注并报道北京的总量仅次于伦敦，位居世界第二；2022 年海外社交平台对北京关注度仅次于巴黎和伦敦，位居世界第三。

北京在外宣过程中依托大量在京、来京外籍人士的资源优势，将外国友人纳入传播队伍，增强城市形象宣传合力。始于 1999 年的"外国摄影师拍北京"活动旨在通过外国摄影师的独特视角发现北京之美，20 多年来已有来自数十个国家的上百位摄影师受邀参与，数十万张照片成为展现北京历史、北京文化和北京发展的珍贵影像素材。"外国友人眼中的北京"摄影文化活动启动于 2009 年，作为"爱北京·照北京"群众摄影文化活动的一部分，是专门为外国友人感受北京、融入北京和记录北京量身打造的品牌活动，先后征集到来自 80 多个国家、3000 余名外国友人拍摄的 3 万余张摄影作品。除摄影活动外，北京还于 2016 年推出了"手绘京城·外国漫画家画北京"活动，来自法国、意大利、西班牙等七个国家的十位世界著名漫画家用各具特色的表达方式描绘了他们眼中的北京。2022 年起举办的"北京·国际范儿"短视频大赛，面向外籍人士征集优秀短视频作品，多面、多维地展示了北京国际交往中心功能建设成就。

北京利用国际主流媒体、海外华文媒体、境外社交媒体等传播主体，从传统纸媒、电视频道、电台广播等各类渠道放送北京内容素材，让全媒体受众都能接收到有关北京的城市风貌与最新动态。北京外语广播与 20 余家海外电台展开合作，其中既包括联合国电台、俄罗斯卫星通讯社、澳大利亚广播公司、韩国国际广播电台等主流媒体，也有在当地华人社会有广泛影响力的华语广播电台，共同传递北京声音。讲述北京风土人情的纪实周播节目《北京之夜》由北京电视台打造，2017 年在德国杜塞尔多夫电视台、莱茵美茵电视台、萨沃电视台、门兴城市电视台等四家电视台全年各播出 52 期，并在柏林电视台进行 3 天展播，2018 年落地匈牙利 D1 电视台，让海外民众了解当下中国首都的百姓生活。2019 年举办的"一带一路·爱上北京"系列电视片《魅力北京》海外传播项目暨四国拍摄活动邀请柬埔寨国家电视台、老挝国家电视台、缅甸国际电视台、缅甸国际广播频率、泰国 TNN24 电视台的 5 家媒体走进北京，拍摄系列电视并在各自媒体播出，充分展现新中国成立 70 年来北京的变化发展及卓越成就。自 2021 年 12 月 31 日起，由北京广播电视台推出的 25 集融合传播产品《老外眼中的新北京》持续播出，从"外视角"切入"讲故事"，让更多"老外"成为中国故事的亲历者与讲述者。

（六）国际服务环境建设领先全国

北京作为我国首都，不论是从国际化社区的起步时间还是从治理成效方面而言，相较于国内其他城市都处于领先地位。总体来看，北京国际化社区建设以文件规划为引领，注重强化顶层设计，充分体现"政策先行"思路。北京市朝阳区麦子店街道拥有使馆区、跨国公司、高档涉外饭店、涉外公寓、国际教育机构等多种丰富的国际资源，常住外籍人口约占区域总人口的 20%。2004 年，麦子店街道率先提出建设国际化社区，并创新提出"楼门文化"和"楼宇委员会"等治理新思路，整合社区力量提高居民自治能力。2016 年，北京人才工作领导小组在全国率先提出首都国际人才社区建设理念，将国际化社区建设聚焦至"国际人才"这一群体，强调以优化人才生态效能助推城市高质量发展。2017 年，北京坚持高点定位，印发了《关于推进首都国际人才社区建设的指导意见》，启动了中关村科学城、未来科学城、朝阳望京、新首钢 4 个首批试点社区的建设，2019 年又新增顺义、通州、经济技术开发区、怀柔科学城等 4 个建设区，已逐步形成 8 个具有首都特色、区域特点、时代特征、自身特质的国际化人才社区品牌。2020 年，出台了《首都国际人才社区建设导则（试行版）》，这是全国首个针对国际人才社区建设编制的法定导则，为首都国际人才社区建设的目标和路径提供了科学依据和权威参考。

北京积极打造易北京·国际人才一站式综合服务平台，通过"易北京"（EASY BEIJING）App，为外籍人才提供从来京办理手续到开展工作、融入生活、社会保障的"一站式"服务。"易北京"App 于 2020 年 5 月正式上线，集合政策资讯、生活服务、政务服务等功能，现已开启外籍人才工作许可办理、居留许可预约手机入口，对接市卫健委、医保局、教委等21家政府委办局，动态更新外籍人才工作、就医、子女教育、社会保障等50余项权威政策信息，形成了50余项、20余万字的政策文件，并提供多语种政策在线咨询。"易北京"与北京多家公立三甲医院合作，全面上线"医疗健康板块"；对接9家市场化供应商，实现在线票务预订、地图导航、翻译、外卖、在线租车打车等20类在线生活服务，实现国际人才在华服务的全场景覆盖，让国际人才在北京的学习、工作、生活更加便捷高效。

为了不断推进首都国际化语言环境建设，北京市先后编制了《北京市民讲外语活动规划（2003—2008）》《首都国际语言环境建设工作规划（2011—2015年）》和《首都国际语言环境建设工作规划（2016—2020年）》《北京市国际交往语言环境建设条例》等文件，出台《北京市公共场所外语标识管理规定》，发布《公共场所中文标识英文译写规范通则》等地方标准，从制度上明确了城市国际语言环境建设的各方面要求。于2022年1月正式实施的《北京市国际交往语言环境建设条例》是国内在国际语言环境建设方面的第一部地方性法规。在国际化语言服务中心建设方面，北京利用高校外语人才优势，在"北京奥运会多语言服务中心"的基础上建设"北京多语言服务中心"，为在京外国人提供多语言服务，通过与"110""120""999""12345"全面对接，采取三方通话的形式，为在京外国友人提供8个语种、24小时、365天不间断电话外语服务。在语言标识规范化方面，北京早在2002年就组建了规范公共场所英语标识工作领导小组，2006年则在全国首先推出了地方标准的《公共场所双语标识英文译法》及配套的实施指南，对通用警示性提示性标识、功能性设施信息，以及交通、景区、商业、医疗等不同场景下的常用英文标识加强审核把关，全面系统加强城市语言标识建设。

二、重庆：发挥中西部历史区位优势

重庆是中华人民共和国直辖市、国家中心城市、超大城市，是国务院批复的国家重要中心城市之一、长江上游地区经济中心，成渝地区双城经济圈核心城市，国家重要先进制造业中心、西部金融中心、西部国际综合交通枢纽和国际门户枢纽。2019 年 2 月，重庆市外办主任会议提出聚焦建设中西部地区国际交往中心。2019 年 12 月，重庆市政府外事办公室与渝中区签署战略合作协议，共同致力于将渝中打造成为中西部国际交往中心核心区。2020 年 4 月，重庆市委市政府发布《重庆市建设中西部国际交往中心三年行动计划（2020—2022 年)》《重庆市渝中区打造中西部国际交往中心核心区三年工作实施方案（2020—2022 年)》，积极发挥重庆在服务共建"一带一路"倡议、长江经济带发展和西部大开发中突出的国际交往作用。2020 年 11 月，《成渝地区双城经济圈建设规划纲要》提出"成渝共建'一带一路'对外交往中心"。2021 年 4 月，国务院批复同意重庆成为开展服务业扩大开放综合试点省市，明确要求"加快建设中西部国际交往中心"。2021 年 10 月，《重庆市建设中西部国际交往中心"十四五"规划》出台，明确未来五年建设的主要目标和重点任务。以国际交往中心城市建设为契机，重庆不断提升互联互通、经贸合作、平台建设水平，全面深化各领域交流合作，推动国际交往取得新成果。

（一）创新打造上合组织经贸合作平台

重庆积极服务中国特色大国外交总体布局，深度参与中国—东盟、中国—中东欧、上海合作组织、澜湄合作以及中美、中俄等多双边合作机制。近年来，重庆分别承办了中欧圆桌会议第七次会议、中国—中东欧国家地方领导人会议、纪念中国—东盟建立对话关系 30 周年特别外长会和澜湄合作第六次外长会、第四届中国—东盟法治论坛、"一带一路"陆海联动发展论坛、亚欧互联互通产业对话会、中国—上海合作组织数字经济产业论坛、金砖国家劳工就业部长会议、金砖国家智库国际研讨会、金砖国家网络经济与网络安全论坛、亚洲企业大会等重大外事活动及高端国际会议。2020—2023 年，重庆市共举办大型外事活动 23 场，多国外长及驻华大使先后到访。各类会议活动推动欧洲（重庆）中心、中国（重庆）—上海合作组织智慧旅游中心、中国南亚国家减贫与发展合作中心、澜湄合作乡村振兴研究中心等一批国际合作平台落地，成立重庆国际交往智库，为长远推进国际会议目的地建设提供方向。

重庆与上海合作组织（以下简称"上合组织"）具有深厚的合作渊源。早在 2011 年，重庆率先开通了途经上合组织多个国家的中欧班列。目前重庆已与上合组织国家的近 30 个地区建立地方友好合作关系，相关国家的千余名留学生在重庆学习深造，互访旅游超过 10 万人次。2019 年 8 月 24 日，由上海合作组织实业家委员会、重庆两江新区等联合打造的上合组织国家多功能经贸平台（简称"上合经贸平台"）正式落户两江新区，并在 2019 中国国际智能产业博览会上亮相上合组织国家馆。2020 年 9 月，上合经贸平台正式入驻重庆两江国际合作中心，为上合组织国家地方产业的国际布局和经贸合作提供全球供给链整合服务，成为上合组织成立 20 多年来的一项重要成果。2021 年 4 月 9 日，重庆两江新区·上合组织国家多功能经贸平台专场推介会在北京举行，围绕平台定位和工作方向展开探讨。2023 年 2 月，上合经贸平台国际经济创新发展工作委员会、重庆市品牌建设促进会国际经济创新发展专委会同步成立，重庆市品牌建设促进会作为上合经贸平台的建设运营单位，已陆续成立教育服务、数字农贸服务、环境资源服务、协同创新服务、农产品供应链、基础教育、中职教育等多个专委会，在引领成员单位参与中国与上合组织多领域交流合作中发挥着积极作用。

会展业是重庆构建现代产业体系的重要一环，以重庆国际会议展览中心、重庆国际博览中心、重庆悦来国际会议中心等为主要场地，国际展会活动密集上演。重庆形成了中国国际智能产业博览会、中国西部国际投资贸易洽谈会、中新金融峰会、陆海新通道国际合作论坛等机制性展会活动，品牌影响力和实效性不断增强。重庆还自主培育了中国（重庆）国际投资暨全球采购会、中国国际摩托车博览会、中国（重庆）国际汽车工业展、中国（重庆）高新技术成果交易会和中国重庆老年产业博览会等一批有影响力的品牌展会，其中老年产业博览会已和德国杜塞尔多夫建立了长期战略合作关系。重庆火锅美食节、中国（重庆）国际马拉松比赛、"一带一路"国际技能大赛等节事活动也形成较高的国际知名度。在2020年1月举办的中国（重庆）国际会议发展大会上，重庆首次聘任"城市会议大使"，来自各行各业的"大使"在各自领域和学科内吸引更多优质项目落户重庆，为重庆引进重要国际国内会展贡献力量。

（二）驻渝领馆机构展示城市开放历史

重庆的国际友好城市工作起步于1982年。1982年12月，重庆市与法国图卢兹市结成第一对友好城市，1988年重庆市万州区与法国热尔省缔结了第一对区县友城。截至2023年底，重庆国际友好城市数量达到54个，国际友好交流城市数量达到126个。重庆是美国西雅图市、加拿大多伦多市、英国莱斯特市等多个外国城市建立友好关系的第一个中国城市，其中多伦多市与重庆有着近40年的交往历史，是多伦多在世界上建立的历史最悠久的友好城市之一，两座都被外界称为"雾都"的城市友谊不断加深。2013年，来自重庆动物园的大熊猫"大毛""二顺"承载着中国人民的友好情谊抵达多伦多动物园，2015年10月，"二顺"在中加建交45周年纪念日当天诞下龙凤胎幼崽"加盼盼"和"加悦悦"，加拿大总理特鲁多出席了命名仪式。从2013年3月抵达加拿大至2020年11月底回国，重庆派出的"熊猫使者"中加友城史上写下妙趣横生的一笔。

重庆以驻渝领馆为主要桥梁，深入推进与各国之间各领域的务实合作，密切与国际友城的交流联系。截至2023年底，外国在重庆开设领事机构共10家。由于抗战时期几乎所有的世界强国都在重庆设过使领馆，法国领事馆旧址、美国大使馆旧址、德国领事馆旧址、韩国临时政府旧址等历史文化遗址已经成为重庆向国际社会展示国际交往历史成就的重要窗

口。2000年，重庆美国大使馆旧址、重庆苏联大使馆旧址等入选第一批重庆市文物保护单位。2019年5月18日，重庆美国大使馆旧址陈列馆在第43个国际博物馆日举行了开馆仪式，正式对外免费开放，并举办"重庆的见证——中美同盟共同抗击日本军国主义"影像展，是同盟国驻渝外交机构首个对外开放的影像历史陈列，展示中美人民为实现人类正义与世界和平做出的贡献与牺牲。2020年5月，中英联络处旧址正式开放，内设香港维岸画廊、十八梯香港警务礼品店等，搭建渝港交流的桥梁。2022年8月，重庆大韩民国临时政府旧址陈列馆联合韩国驻成都总领事馆共同举办"大韩民国临时政府暨韩国光复军在重庆"临时展览，共促中韩文化交流。

重庆依托"二战"同盟国驻渝外交机构旧址群、抗战涉外历史文化旧址、史迪威博物馆等独有涉外遗址资源，建设独具重庆特色的外事活动场所。创新打造重庆开埠文化遗址公园，修复"立得乐洋行""重庆开埠遗址陈列馆"等一批历史建筑，帮助市民通过历史文物了解重庆百年开埠史与对外开放成就。以重庆外交外事历史陈列馆为核心，全面推动各类驻渝外交机构旧址保护利用，布局外事参访点、涉外重点参访区，全市共培育了7大类52个外事参访点①，依托巴渝文化、抗战文化等外事特色资源承接高规格外事活动。

（三）国际文旅之窗提供旅游合作载体

重庆一直是我国著名的旅游城市，多次被国际权威旅行杂志评为"世界十大旅游目的地""全球十大最具发展潜力的旅行地"等荣誉。2023年1月，在搜狐旅游发布的《2022年全国旅游城市品牌影响力报告》中，重庆在全国城市旅游影响力百强榜单中位居第一，同时还获得"城市旅游网络人气奖""心动夜游城市""吃货福音城市"等单项奖。

---

① 重庆人大：《重庆市人大民族宗教侨务外事委员会关于我市建设中西部国际交往中心情况的调研报告》，https：//www.cqrd.gov.cn/article？id＝345764208242757。

在巨量引擎城市研究院发布的《2022 美好城市指数城市线上繁荣度白皮书》中，重庆短视频企业账号数量和发布视频量均为全国第一，在 2022 全国"抖音美好城市榜"排名中位列第一，国际旅游目的地影响力稳步攀升。

2022 年，《重庆市"十四五"文化和旅游发展规划（2021—2025 年)》《重庆市"十四五""一带一路"文化和旅游发展行动计划》先后出台，为重庆进一步加强国际文化交流、创新国际旅游推广提供指引。目前，重庆已经加入了世界旅游联盟、澜湄旅游城市合作联盟等 9 个国际性文旅组织，设立 17 个文化旅游境外推广中心，形成中国西部旅游产业博览会、中国长江三峡国际旅游节、世界大河歌会等国际性文旅节会品牌，在海外成功举办"山水之城·美丽之地"文旅推介会 50 余次、"重庆文化旅游周"20 余次，2019 至 2021 年年均开展经贸、人文等各领域交流活动 200 场以上。推动设立欧洲重庆中心、中国（重庆）—上海合作组织智慧旅游中心、中国南亚国家减贫与发展合作中心、陆海新通道职业教育国际合作联盟、成渝双城（重庆）国际商务中心等一大批国际合作平台，提供综合性的国际合作载体。

2021 年，由重庆市文化和旅游发展委员会、重庆市人民政府外事办公室、重庆两路寸滩保税港区管委会共同打造的重庆国际文旅之窗项目正式落地。重庆国际文旅之窗位于寸滩保税港"一带一路"商品展示交易中心，总面积达 4300 平方米，围绕"窗口""贸易""旅游"核心定位，立足"国际文旅交流""国际文旅商品展销""出境游公共服务"三大服务功能，是重庆市级贸易服务平台、涉外文化旅游服务平台和版权贸易基地。自正式运行以来，国际文旅之窗已与日本驻重庆总领事馆、意大利驻重庆总领事馆等 27 家驻渝蓉总领事馆和新加坡旅游局成都办事处、澳大利亚旅游局华西办事处等 10 余家驻渝蓉经贸旅游办事处、商协会建立密切合作关系，成功举办第五届意大利全球设计日、中国—上海合作组织数字经济产业论坛智慧旅游分论坛、匈牙利魔方友谊邀请赛、"渝"见不同——国际旅游推介会等 20 余次国际交流活动。2022 年 11 月 7 日，由重庆市文化旅游委、新加坡旅游局与重庆市中新项目管理局共同发起的中新（重庆）文化和旅游产业联盟在重庆国际文旅之窗正式启动，重庆市文化和旅游协会与新加坡全国旅行社协会（NATAS）作为联盟特别成员签署合作备忘录。中新（重庆）文化和旅游产业联盟的成立，有利于引导中国西部城市游客通过重庆到新加坡旅游，推动渝新两地在更多领域开展深度合作，激活更大的国际旅游市场潜能。

（四）国际传播中心注重海外传播

重庆是著名的"山城""江城"，人文荟萃、底蕴厚重，拥有传承千年的长江文化、三峡文化、巴渝文化、英雄文化等形象名片，以及"雾都""火锅""解放碑""朝天门""红岩精神"等具有城市特色的文化符号，成为开展国际传播的独特标签。在2023年11月举办的第四届中国数字城市品牌杭州高峰论坛上，重庆位列中国社会科学院财经战略研究院发布的《中国城市品牌影响力报告（2023）》第4位，各分项指标方面均居于全国城市前列。在2023年2月举办的第二届中国城市国际传播论坛上，重庆凭借表现优异的海外交往连接度、海外媒体呈现度、海外网络关注度、海外旅游美誉度、海外智库热评度，获得"中国国际传播综合影响力先锋城市"称号。[①] 在由北京师范大学新媒体传播研究中心、中国日报网、光明网和北京师范大学教育新闻与传媒研究中心联合发布的《2023中国大学、央企、城市海外网络传播力建设系列报告》中，重庆在全国337座城市（自治州、地区、盟）海外网络传播力综合指数中排名第5，连续五年入围我国海外网络传播力综合指数前十城市名单。

重庆文化旅游国际传播中心（简称"重庆国际传播中心"）是在中共重庆市委宣传部、重庆市文化和旅游发展委员会的支持下，由重庆日报报

①《让开放之门越开越大 渝中高水平建设中西部国际交往中心核心区》，见重庆市渝中区人民政府网站（https://www.cqyz.gov.cn/zwxx_229/bmjd/202303/t20230310_11734031.html）。

业集团打造的重庆市官方海外传播媒体平台，于 2018 年 11 月 14 日在 2018 重庆全球旅行商大会上正式挂牌。重庆国际传播中心立足国家站位、坚持国际视野、突出重庆特色，主动承担了建设海外网络矩阵、加强国际媒体联络、拓展国际合作传播、推广重庆国际形象、提高国际传播能力等任务，得到了中宣部、国家网信办等单位的大力支持。重庆国际传播中心打造了重庆曝光量最大、粉丝量最多、影响力最大的对外宣传平台——"iChongqing"。iChongqing 聚焦重庆城市形象的社交媒体立体化传播，在多个社交媒体平台开设账号、举办直播，架构了重庆城市形象国际化传播的立体化矩阵。为了让内容更好地在海外传播，重庆国际传播中心还组建了拥有多名外籍采编人员的专业团队，尝试请海外"大 V"博主来做采访。2022 年 6 月，从泰国引进的加拿大籍采编人员制作了题为《百年巨变丨山水重庆 中国桥都》的新媒体作品，以外国人的崭新视角看重庆，视频浏览量高达 2 亿，并为重庆斩获首个中国新闻奖国际传播类二等奖。

重庆还注重"借船出海"，依托各类大型国际展会开展城市推介。在 2021 年中国国际进口博览会（第四届进博会）期间，重庆设置了以"内陆开放高地、山清水秀美丽之地"为主题的城市综合形象展馆，展馆面积 108 平方米，汇聚 7 家重庆参展企业，集中展现"重庆智造""重庆味道""重庆魅力"等元素，重点展现近年来重庆在改革开放、大数据智能化建设、生态环境保护、推动成渝地区双城经济圈建设等方面取得的新成就。在 2023 中国国际旅游交易会上，重庆聚焦三峡游、8D 魔幻都市游、武陵山区域游三个主题展示了重庆旅游品牌形象，下辖区县、重庆旅游集团、重庆武陵文旅融合发展有限公司等 12 家单位组团参展，充分展示了"山水之城、美丽之地"的都市魅力。

三、南京：城市文化赋能交往中心建设

南京是江苏省省会、特大城市、南京都市圈核心城市，国务院批复确定的中国东部地区重要的中心城市、全国重要的科研教育基地和综合交通

枢纽。南京拥有世界历史文化名城、世界文学之都、国际和平城市、"青奥之城"等城市名片，致力于打造国际友好城市交往平台，加入联合国教科文组织城市合作网络，盘活丰富厚重的历史文化底蕴，注重发挥青年公共外交力量，增强国际交往中心城市建设的工作合力。2021 年 10 月，南京市第十五次党代会提出将南京打造成为国际交往中心城市，并将"开放"作为南京建设社会主义现代化典范城市的两大支撑之一。2022 年7 月，《南京市建设国际交往中心城市行动方案（2022—2025 年）》正式出台，该方案提出，到 2025 年，服务国家总体外交能力显著增强，国际高端要素集聚平台全面升级，对外交往活跃度和影响力大幅提升，国际门户枢纽功能更加完善，国际化服务水平和营商环境不断优化，城市国际品牌效应和国际传播效能持续放大，初步建成具有全球影响力的国际交往中心城市。从城市地位、资源禀赋、环境条件等方面来看，南京有着建设国际交往中心城市的良好基础，能够在助力江苏省打造"具有世界聚合力的双向开放枢纽"、服务全国构建新发展格局中贡献更多力量。

（一）国际友谊公园见证友好成果

南京市友城工作历史久、基础好、布局均衡、成果丰富，近年来不断巩固老朋友，积极结交新朋友。截至 2023 年底，南京市各级国际友城关系达到 106 对，海外"朋友圈"遍布五大洲 57 个国家，城市国际化水平显著提升，对外合作质量不断提高。南京与"一带一路"共建国家 49 个省市缔结了友好关系，其中文莱斯里巴加湾市、伊朗设拉子市、越南边和市等都是"一带一路"沿线的重要城市。2011 年，南京市与斯里巴加湾市缔结友好城市关系，成为中国与文莱两国第一对也是目前唯一一对友好城市。2018 年，在两国元首见证下，两市续签友城协议，并列入两国联合声明。2021 年 12 月，庆祝中国文莱建交 30 周年暨南京与斯里巴加湾结好 10 周年纪念活动在南京举行，文莱驻华大使拉赫玛尼出席并表达了深化中文"一带一路"合作、增进斯里巴加湾与南京友谊的愿景。此外，2019 年南京市与尼泊尔加德满都市在两国元首见证下缔结为友好城市，成为又一座在国家领导人见证下结好并纳入国家间联合声明的重要友城。

南京与德国莱比锡市、白俄罗斯莫吉廖夫市、俄罗斯雅罗斯拉夫尔市等城市在文旅、卫生、人文、体育等领域有着多个务实交流项目。如自2016 年起，南京与白俄罗斯莫吉廖夫市共建"中国传统医学中心"，为友城市民带去针灸、推拿等中医服务项目。与雅罗斯拉夫尔定期开展青少年体育交流活动，促进中俄两国青少年运动员互学互访。2019 年，南京市人民政府新闻办公室、哥本哈根中国文化中心、奥胡斯市档案馆等单位共同举办"辛德贝格——丹麦的'南京英雄'"专题展，并向奥胡思市赠送"中国之友"辛德贝格雕塑，丹麦女王玛格丽特二世亲自为雕像揭幕。南京与荷兰埃因霍芬市在两市结好 20 周年之际，决定互赠一座具有本国特色的建筑，于是，富含南京元素的"友宁馆"于 2021 年 11 月在埃因霍芬正式揭幕，成为两市友谊的象征和文化交流窗口。

南京积极构建友城交往平台，通过形式多样的结好活动、展览场馆等向南京民众传递友城故事。在第 34 届中国·南京金秋经贸洽谈会——南京市参与"一带一路"交汇点建设经贸合作对接会暨 2023 南京国际友城交流周活动中，南京与 4 座新友城完成签约。南京还推出了"LINK 南京"国际友城交流云平台，旨在发挥对外宣传、招商引资、经验分享、政策咨询四大功能，为南京与友城伙伴深化合作提供集成式服务。南京国际友谊公园（原名河西生态公园）于 2014 年建成，2018 年南京市委、市政府研究决定在生态公园的基础上建设"南京市国际交往基地"，用于展示南京市国际交往成果，同时向市民普及外事礼仪。园内的南京国际友好城市展览馆内设有亚洲厅、欧洲厅、美洲厅等 7 个展厅，展出雕塑、绘画、工艺品、纪念碑等友城赠送的珍贵礼品近 170 件，全方位展示出 40 多年来南京与友城交流合作的成果，汇世界于一域。

（二）获评联合国教科文组织"世界文学之都"

联合国教科文组织创意城市网络创立于 2004 年，旨在推动以创意作为可持续发展战略的城市间合作，具体涵盖音乐、文学、设计、手工艺与民间艺术、电影、媒体艺术、美食等七大领域。2019 年 10 月，南京获联合国教科文组织批准加入创意城市网络，且成为第一个以"文学之都"身份加入该组织的中国城市。南京自古以来拥有"天下文枢"的美誉，是知名的文学创作之城、传播之城，文学名著和文坛大家层出不穷。南京也是世界精品文学"走出去""引进来"的重要根据地，20 世纪 60 年代初在南京全本翻译的《红楼梦》在全球广泛传播，先后也有 60 多种外国文学作品在南京译成中文，全中国有 1 万多部文学作品与南京相关，有力推动了中外文化交流融合。

自入选联合国教科文组织创意城市网络以来，南京立足中国首个"世界文学之都"定位，坚持以文化人、以文塑城、以文兴业，不断把文化底蕴转化为发展优势。2020 年 9 月，南京成立"文学之都"建设指导委员会，中共南京市委、市政府联合印发《南京"文学之都"建设规划纲要（2020—2023)》，提出要打造 1 个枢纽性的世界文学客厅、N 个示范联动的"文学 +"空间、X 个以共享坐标关联的文学场所，推动城市文学空间网络建设。2022 年 4 月 23 日，位于紫金山入城余脉古鸡笼山下东南角的南京"世界文学客厅"正式开放，为国内外文学爱好者提供交流、对话和活动的公共空间。2022 年 3 月 6 日至 4 月 8 日，以南京市文学之都促进会、南京金陵文化保护发展基金会发起，南京市文投集团主办、南京创意中心承办的 2022 南京国际诗歌节为起点，以世界诗歌日为主题策划推出的 20 多场系列活动在南京陆续举办，通过推广诗歌创作、阅读和出版，以线上线下联动诵读、打破时空阻隔等活动方式，进一步联动联合国教科文组织创意城市网络的其他"文学之都"。

南京还以文学阅读为抓手，大力推动"阅读之城"及学习型城市建设。2024 年 2 月，南京、苏州等 64 个城市成功加入联合国教科文组织全球学习型城市网络。南京拥有高等院校 53 所，数量位居全国城市前列。拥有各类博物馆、图书馆 1200 余家，全市公共图书馆全部达到国家一级图书馆标准。截至 2022 年底，南京拥有近 900 家阅读组织，每年举办各类阅读活动 1.5 万余场，居民综合阅读率达到 96.53%，每天阅读 1 小时以上的人数超过六成。在中国音像与数字出版协会出版的《中国数字阅读白皮书》中，南京连续入选全国十佳数字阅读城市，2019 年"城市阅读指数"位列全国榜首。以联合国教科文组织颁发的"文学之都"称号为契机，南京将文学作为现代生活与城市发展的创意源泉，积极举办南京读书节、南京书展等大型文学活动，全民参与城市活化文学、文学赋能城市的互动进程，擦亮从"天下文枢"到"世界文都"的城市名片。

（三）非遗成为对外文化交流重要内容

非物质文化遗产是中华优秀传统文化的重要组成部分，是中华文明绵延传承的生动见证。南京作为六朝古都、国家首批历史文化名城，拥有数量众多、种类丰富的非物质文化遗产，为推进对外文化交流传播提供了素材与载体。2017 年《南京市非物质文化遗产保护条例》正式实施，2022年《关于进一步加强非物质文化遗产保护工作的实施意见》出台，为南京不断加大非物质文化遗产保护工作力度提供指导依据。截至 2023 年 2月，南京共拥有 277 项市级非物质文化遗产项目，其中金陵琴派、南京剪纸、云锦织造技艺等 5 项列入联合国教科文组织人类非遗代表作名录，13项列为国家级非遗代表性项目，76 项列为省级非遗代表性项目，涵盖民间文学、传统音乐、传统舞蹈、传统戏剧、传统美术、传统技艺、传统医药、传统体育和游艺与杂技、民俗等 9 大领域。①

南京充分盘活优秀传统文化资源，加快文化"走出去"步伐，实现了对外文化交流与城市国际交往的双向促进。早在 1979 年，南京剪纸技艺传承人就受邀前往挪威、芬兰等国参加中国江苏省剪纸艺术展，这是改革开放后中国剪纸艺人第一次走出国门，登上世界文化交流的舞台。南京云锦已赴美国、法国、比利时、挪威、日本、韩国、新加坡等十几个国家进行展出和手工织造操作表演，充分展现织艺文化风采。2019 年 12 月，

---

① 《我市新增 64 个非物质文化遗产代表性项目》，见南京市人民政府网（http://www.nanjing.gov.cn/bmdt/202302/t20230210_3823581.html）。

由美国有线电视新闻网（CNN）中国区团队打造的南京云锦短视频在 CNN 旗下 Great Big Story 工作室社交媒体平台首发，随后被 Facebook、YouTube、Instagram、Twitter 等各大海外社交平台广泛推送，收获 40 多万播放量，彰显南京非遗作为全人类文化瑰宝的价值。南京还通过制作并对外分享多语种非遗教学视频以及杂技、民乐类新春文艺节目等方式，推动地方特色文化品牌更加广泛传播。

南京充分发挥"南京历史文化名城博览会"、世界知名城市"南京周"等重要活动、节庆、会议作用，开展非物质文化遗产交流合作和宣传推广，其国际影响力日益增强。始办于 2015 年的"南京周"城市文化推介活动通过南京图片展、城市推介会、美食品鉴会、多媒体非遗演出等多种形式，先后走进米兰、伦敦、纽约、巴黎、硅谷等国际知名城市，将城市历史文化底蕴与国际文化元素相结合，为南京架起了连通世界的文化交流窗口和产业合作平台。创办于 1957 年的南京"小红花"艺术团是全国首创的集文化教育、艺术教育与舞台表演于一体的少儿艺术团体，多次赴海外国家参加庆典巡演与文化交流，成为南京乃至全国对外文化交流的名片。南京市民乐团、浦口永宁镇手狮舞赴友城美国圣路易斯、塞浦路斯利马索尔等市交流演出，南京艺术团八次赴德国巴伐利亚州参加"巴伐利亚·中国之夏"活动，南京推出的 12 个"中国图书之窗"项目已在尼日利亚、加纳、泰国、马耳他等多国落地，助力南京文化美誉传向世界。

（四）重视发挥青年公共外交作用

南京特别注重青年在国际交流中的重要作用，以 2014 年举办第二届青年奥林匹克运动会（简称"青奥会"）为契机，将一系列青年文化交流品牌推向世界。青奥会期间举办的"世界青年体育、文化与和平论坛"发布《南京倡议》，提出在南京打造"永不落幕的青年盛会"，为世界青年提供常态化展示、交流与沟通的平台。为此，联合国教科文组织、中华全国慈善总会与南京市政府共同决定，从 2015 年开始每两年在南京举办一次"青年文化周"，让青年成为推动变革、促进世界和平与可持续发展

的中坚力量。根据联合国教科文组织和南京签署合作备忘录要求，南京从
2020年起每年连续举行意义重大的国际间交流论坛——"南京和平论
坛"，将青年行动作为核心板块，邀请各国优秀青年代表共同探讨促进世
界和平建设的重大议题。南京还成功策划了南京国际青年交流计划、"我
的南京故事"图文故事征集、中外青年"沉浸式"体验南京短视频大赛
暨"中外青年共建国际交往中心城市"论坛等嵌入式主题活动，积极推
动中外青年对话，使青奥精神得到传承和发扬。

青年志愿服务是南京开展国际交流、创新国际化服务的又一抓手。青
奥会举办期间，南京共发动逾百万名以青年为主体的志愿者参与赛会服务
工作，其中包括名为"啄木鸟行动"的外国青年志愿服务活动，来自美
国、英国、韩国等近20个国家百余名外籍志愿者积极参与。近年来，南
京逐步形成"小青柠""紫金草关爱行动""和平使者"等国际志愿服务
品牌以及外籍人员志愿组织"从同情到行动"（From Compassion to
Action，简称FCTA）等志愿服务团队，积极选派志愿队伍参加赴非洲、
南美洲、东南亚等地区的援外活动，向世界展示了蓬勃向上的中国青年志
愿者形象。2022年4月27日，由中国志愿服务联合会与中国民间组织国
际交流促进会共同发起的国际志愿服务工作委员会正式成立，秘书处设在
南京，标志着南京成为我国提供国际志愿服务的重要窗口，将在提升国际
化服务水平、健全工作体系、探索多样化模式等方面开启新篇章。

为更好地实现民间友好与文化交流，南京有效整合各方面资源，政府
和民间机构协同发力，共同承担起促进"广交朋友、广结文缘"的国际
交往任务。南京市对外文化交流中心自2009年起倡议发起"百家对外文
化交流基地""百名对外文化交流使者"评选活动，迄今共评选出南京对
外文化交流基地79家，南京对外文化交流使者144名，各交流平台及个
人通过对外宣传、民间社会交流、文化艺术交流、中外学术交流等渠道，
增进各国、各地区人民对南京的了解，深化中外友谊。南京公共外交协会
自2014年起设立"梧桐奖"，每年评选和表彰在南京公共外交事业上做
出突出贡献的个人和团体，逢双年评选对象为国内人士，单年为在宁外籍

人士，并颁发"友好交流使者奖""优秀学术研究奖""精品文化创意奖"等荣誉称号，激励更多社会团体及个人参与到南京公共外交事业中，向世界讲好南京故事的队伍不断壮大。

四、武汉：带动华中地区对外交流

武汉是湖北省省会、超大城市、国家中心城市，国务院批复确定的中国中部地区的中心城市，全国重要的工业基地、科教基地和综合交通枢纽。居中的地理位置使武汉在国内外交流往来中有着得天独厚的优势，作为内陆城市的重要节点，确立建设中部国际交往中心城市的扎实基础。2018 年 10 月，武汉市政府印发《武汉市国际化水平提升计划（2018—2020 年)》，提出把武汉建设成为我国中部地区国际交通枢纽、国际经贸合作高地、国际交往中心、具有全球影响力的产业创新中心和国际人才汇聚高地，并明确提出拓展城市外交广度、深化教育国际交流、加强文化旅游国际交流、增进体育国际交流等重点任务。2020 年 12 月 18 日，武汉市委十三届十次全会进一步明确，武汉要加快打造全国经济中心、国家科技创新中心、国家商贸物流中心、国际交往中心和区域金融中心。2021年，印发《关于加快打造"五个中心"建设现代化大武汉的实施意见(2021—2025 年)》，锚定国家中心城市和长江经济带核心城市建设目标，再次强调打造国际交往中心等五大发展定位。2022 年制定印发《武汉市打造国际交往中心实施方案（2021—2025 年)》，明确 118 项《责任清单》，并出台《武汉国际化水平提升"十四五"规划》，全方位提升城市经济外向度，全力打造我国中部地区的国际交往中心城市。

（一）举办军运会等大型国际活动

武汉各领域的国际交流活跃，积极争取举办国家外事活动及高端会议机遇。《国际湿地公约》缔约方大会第 14 次部长级高级别会议、第七届世界军人运动会、上海合作组织成员国首届旅游部长会议、"大河对话"

国际论坛、上海合作组织民间友好论坛、中国国际友好城市大会、中国—东盟数字经济发展与合作论坛、中部六省"一带一路"国际研讨会等重要国际会议与外事活动均在武汉举办，多国政要密集访汉，武汉成为国际高度关注的交往目的地。在 2021 年 6 月举办的上海合作组织民间友好论坛上，习近平主席发来贺信，论坛发布《上海合作组织民间友好论坛武汉倡议》，探索在武汉建立中国—上合组织友谊博览园，设立上合组织民间活动友谊之家。武汉还打造了世界大健康博览会、世界飞行者大会、世界集邮展、武汉国际汽车展览会、中国（武汉）国际新能源·智能网联汽车发展与合作峰会等品牌展会，其中武汉国际汽车展览会自 1995 年创办以来已经成功举办 23 届，成为我国中部地区最具规模的国际性汽车专业展览会，也是具有较强国际影响力的国家级汽车产业展示平台。

2019 年 10 月 18 日至 27 日，第七届世界军人运动会（简称"军运会"）在武汉隆重举行。中共中央总书记、国家主席、中央军委主席习近平出席开幕式并宣布运动会开幕。世界军人运动会是国际军事体育理事会主办的全球军人最高规格的大型综合性运动会。第七届世界军人运动会设置军事五项、海军五项、空军五项、定向越野、跳伞等 27 个大项、329 个小项的比赛，来自 109 个国家的 9300 余名军体健儿在同场竞技、增进友谊。国际军事体育理事会主席皮奇里洛、国际奥林匹克委员会主席巴赫发表视频致辞。第七届军运会是中国第一次承办的综合性国际军事赛事，是继北京奥运会、南京青奥会后中国举办的规模最大的国际体育盛会，也是军运会史上规模最大、参赛人员最多、影响力最广的一次。军运会是和平时期各国军队展示实力形象、增进友好交流、扩大国际影响的重要平台，也为武汉展示国际形象、提高国际影响力提供了空前机遇。

武汉与联合国各类机构及城市间国际组织加强合作，连续担任世界城地组织世界理事会成员和世界大都市协会董事会成员。2017 年 11 月，武汉正式入选联合国教科文组织全球创意城市网络"设计之都"，成为继深圳、上海、北京之后的中国第四个"设计之都"、中国内陆首个"设计之都"。以此为契机，武汉将每年的 11 月 1 日定为"武汉设计日"，充分发挥在工程设计、城市设计、艺术设计等方面的优势，举办武汉设计双年展、武汉创意设计大赛、联合国教科文组织设计之都子网络展览等活动，构建全民参与、国际合作的设计品牌。2020 年 7 月，经"设计之都"子网络成员城市投票，武汉被选为副召集城市，又于 2023 年 3 月正式成为联合国教科文组织创意城市网络设计之都正召集城市，在促进全球"设计之都"合作、文化创意产业发展、分享设计教育经验等多方面发挥世界级引领角色。

（二）联动长江中游城市对外交流

武汉的对外交往历史源远流长，1998 年开馆的法国驻武汉领事馆是新中国成立以来第一个在中部地区设立的外国领事机构。法国、美国、韩国、英国 4 国先后在武汉设立总领事馆，俄罗斯已确定在汉增设总领事馆，20 多家境外机构在汉设立代表处。武汉全面开展与国外城市的友好交流项目，自 1979 年武汉与日本大分市首次建立国际友好城市以来，陆续与各大洲城市建立友好关系，截至 2023 年底国际友好城市数量已达 29 个，国际友好交流城市达 93 个，总量在全国副省级城市中名列前茅。持续实施"友城常青"工程，每年计划新增 2 个友好城市城或友好交流城市，开展招商引资、艺术、园林等至少 15 项友城重点交流项目，开展友城公务员研修班、友城青少年艺术夏令营等交流活动，制定《武汉市国际友好城市和国际友好交流城市产业地图》，并设立"到 2025 年，国际友好城市和友好交流城市达到 123 个"的目标。[①]

武汉在发挥自身优势承办各类国际高端活动的同时，积极搭建具有重要意义的对外友好平台。2020 年底，巴基斯坦驻华大使莫因·哈克（Moin Ul Haque）提出在 2021 年中巴建交 70 周年之际，推动湖北省与巴

---

① 中共武汉市委外事工作委员会办公室：《关于对市政协十四届一次会议第 20220056 号提案的答复》，http：//www. whswwb. org. cn/zwgk _38294/jytagk/202210/t20221020_2063001. shtml。

基斯坦信德省正式缔结友好省关系，并在两省省会武汉市与卡拉奇市互设"中国—巴基斯坦友谊广场"。2021年11月2日，中巴两国代表在武汉市汉口江滩为"友谊广场"正式揭牌。汉口江滩有着占地约13000平方米的"国际友谊林"，里面收集了樱花、木槿、枫叶、黑松等来自世界各地的植物，以及武汉18个国际友好城市赠送的雕塑。在友好城市方面的深耕成就为武汉先后赢得"国际友城战略发展奖""国际友城交流合作奖""国际友城特别贡献奖"等荣誉。

武汉位于长江的中部枢纽位置，长江中游地区是我国开放活力最强的地区之一。2022年6月29日，由武汉市政府主办的长江中游城市群国际友城合作论坛召开，来自近百座中外城市的代表就协同推进长江中游城市群一体化国际合作展开云端对话。长江中游17座城市及其115座国际友城联合发布《长江中游城市群国际友城合作倡议书》，将共商城市议题、共建平台机制、共享伙伴关系，推动高水平对外开放。会上还正式启用了"长江中游城市群国际友城互联平台"，将集成长江中游城市群及友好城市的城市风貌、经济社会发展情况及对外合作相关信息，打造互通互学互鉴、共建共享共用的信息与沟通网络，为城市与区域高质量发展提供助力。

（三）国际大型体育赛事加速聚集

武汉拥有良好的群众性体育赛事基础，城市体育氛围浓厚，以举办军运会为重大契机，日益成为国际大型体育赛事集聚地，举办的赛事规模和数量均位居我国中部城市第一。武汉马拉松自2016年诞生以来影响力迅速提升，已经成为中国田径协会金牌赛事、中国马拉松大满贯赛事，正在冲击着国际田联金标赛事。武汉网球公开赛是国内级别最高的三大网球赛事之一、国际女子网球协会（WTA）全球十大网球赛事之一，自2014年以来每年9月举行。武汉提出要打造"W（世界级）、C（国家级）、Han（市级）"赛事体系，国际航联世界飞行者大会、亚洲羽毛球锦标赛、国际名校赛艇邀请赛、世界体育舞蹈大奖赛、国际风筝邀请赛暨全国风筝锦标赛等形成品牌，"7·16"渡江节、木兰山登山节、武汉赛马节等本地赛事吸引全国参与，促进"体育＋文旅"联动发展，实现体育文化与国际资源的有效衔接。

作为楚文化的重要发祥地，武汉有着 3500 年的历史传承和丰富多彩的文化遗产，拥有黄鹤楼、武汉长江大桥等知名城市名片。截至 2023 年底，武汉拥有各级非遗代表性项目 815 项，拥有各级非遗代表性传承人 884 人，各级非遗生产性保护示范基地 17 个，省级非遗传承示范基地 4 个。楚剧、汉剧、古琴艺术、武汉杂技、木偶戏等非遗项目成为向世界讲述武汉文化故事的载体。武汉国际杂技艺术节自 1992 年以来每两年举办一次，到 2023 年已经成功举办十四届，先后有 30 多个国家和地区的 200 多支国际顶尖杂技团队参赛参演，现已成为与摩纳哥蒙特卡洛国际杂技节、法国巴黎国际杂技节等齐名的世界四大国际杂技节之一。琴台音乐节已经举办十二届，邀请维也纳爱乐乐团、柏林爱乐乐团、伦敦交响乐团、捷克爱乐乐团、德累斯顿管弦乐团、巴黎管弦乐团等世界顶级乐团在汉演出，促进中外艺术和谐交融。

武汉还是知名的教育强市，正在以教育对外开放为抓手，大力打造中部地区国际教育中心。根据教育部统计数据，武汉以 83 所高校（含本科和专科）的数量居全国第二位，其中"985"和"211"院校的数量居全国前列。武汉聚焦教育现代化目标，制定实施《武汉市推进教育国际化三年行动计划（2018—2020 年）》《武汉市加快和扩大新时代教育对外开放三年行动计划》等文件，积极构建全方位、多层次、宽领域的教育国际合作交流体系，推动各级各类教育与国际接轨。全市海外友好学校突破 500 所，被认定为中小学市级国际理解教育示范（特色）学校有 100 所。持续打造"留学武汉"品牌，大力引进海外优质教育资源，扶持职业院校开展高质量中外合作办学，教育国际化水平显著提升。

（四）营造有竞争力的涉外服务环境

"九省通衢"的武汉一直是我国重要的综合交通枢纽和地理中心，铁路、公路、水路和航空四通八达。武汉天河国际机场是中国内地的重要航空枢纽，武汉火车站是中国南北方向和东西方向铁路的交汇点，武汉也是全国六大客运中心之一，形成了通达全国主要省会城市的4小时经济圈。武汉的对外交流一方面得益于优越的地理位置，另一方面，也离不开配套政策的大力支持。经国务院批准，自2019年1月1日起，首批包括武汉在内的5个城市实施外国人144小时过境免签政策，为来自53个国家的短期游客以及商务旅客提供长达六天的免签时间，让更多来华外国人士将武汉选为进入中国、了解中国的第一站。

除交通硬件基础设施之外，武汉也高度重视提升国际政务服务水平，增强涉外环境软实力。为了方便外籍人士在武汉留学、创业、定居等需求，武汉市政府于2022年初正式启用移民事务服务中心，这是我国华中地区首家移民事务服务综合实体，也是继武汉公安出入境智慧服务大厅后启动的又一项出入境便民服务举措。中心通过为在汉外国人士提供签证政策咨询、居留旅行、法律服务、语言文化、社会融入等一站式综合配套服务，构建多层级、多维度的涉外服务体系。武汉全面落实外国人来华工作许可制度，相关流程已实现"全程网办"和"不见面审批"，多语种纳税服务开始在各区税务局铺开。开展多轮公共场所外文译写整改行动，对市人民政府门户网站英、法、德、日、韩等5个语种外文网站内容进行改版升级。2022年8月，武汉国际仲裁中心挂牌成立，将为在汉国际人才提供对标全球水准的高端法律服务，优化国际化营商环境。

武汉大力营造"类海外"生活环境，国际社区、国际学校、国际医院和中介服务机构等建设稳步推进。2021年，制定《武汉市国际化社区创建试点工作方案》《武汉市国际社区选址和规划建设标准指引》等文件，明确以基础设施、社区服务、文化交流和队伍建设等为重点的国际化社区建设内容。目前武汉的国际化社区数量已达51个，并分为"标杆型国际化社区""示范型国际化社区""提升型国际化社区"三大类别，突出"一居一品"社区特色。积极探索国际化办学模式，培育和开办外籍人员子女学校5所，可提供学位2250个。华中科技大学同济医学院附属同济医院、武汉儿童医院开设国际门诊，推动 2 家民营医院进行国际化认证，中国首个中德友好医院在同济医院光谷院区挂牌，国际化医疗服务环境持续优化。2012 年以来持续实施外籍人士"家在武汉"工程，精心组织国际友人植树活动、外籍人士徒步行活动、外国友人故事分享会等众多民间友好活动，有效提升外籍人士对武汉的归属感、认同感。

五、成都：引领西部地区可持续发展

成都是四川省省会、超大城市、国家中心城市，是国务院批复确定的国家重要的高新技术产业基地、商贸物流中心和综合交通枢纽、西部地区重要的中心城市，也是联合国教科文组织评选的"世界美食之都"。2017 年 5 月，《成都市国际化城市建设"十三五"规划》出台，明确提出加快建设国家门户城市、内陆经济中心、国际交往中心、国际创新创业中心和国际生态宜居城市。2018 年 6 月，成都市发布《建设西部对外交往中心行动计划（2017—2022 年）》，围绕建设国际门户枢纽、打造内陆开放经济高地、建设世界文化名城和建成"一带一路"重要节点城市 4 个发展目标，提出到 2022 年，努力把成都建设成为国家内陆开放型经济高地和国际友好往来门户城市，推动泛欧泛亚有重要影响力的国际门户枢纽城市建设取得明显成效。2021 年，《成都市国民经济和社会发展第十四个五年规划和二〇三五年远景目标纲要》提出"力争到 2025 年，全国重要的经济、科技、金融、文创、对外交往中心和国际综合交通通信枢纽城市核心功能迈上新台阶"。2022 年 5 月，《成都市"十四五"国际对外交往中心建设规划》正式发布，通过大力实施"国际资源引入计划""全球友城优选计划"等一系列措施，加快建设国际资源集成转化高地，增强城市对外开放发展动力。

（一）以会展经济推进成渝区域协作

成都以建设国际会展之都为总体目标，大力发展会展业新经济，与权威国际会议机构密切联系，推动成渝会展"双城"联动，将会议和会展产业打造成为建设西部对外交往中心和国际化大都市的有力支撑。2019年2月，成都市政府颁布《成都市建设国际会展之都三年行动计划》等六项三年行动计划，明确了建设世界文化名城、世界旅游名城、世界赛事名城，打造国际美食之都、国际音乐之都和国际会展之都的发展目标和实施路径。成都成功举办了第八次中日韩领导人会议、第七届金砖国家国际竞争大会、第四届世界科技与发展论坛、2022世界显示产业大会、"一带一路"上合组织国家会展业圆桌会等重大会议，与全球会展业排名前10中的7家开展合作，促成21个国际合作驻馆展会项目落地，英国英富曼会展集团、荷兰皇家展览集团等6家国际知名会展企业落户成都，构筑了广泛的国际会议合作联系网。① 成都着力将会展业打造为经济发展的新引擎，先后出台了《关于促进会展产业新经济形态发展的实施意见》《成都市培育展会新模式激发增长新动能指导意见》等政策文件，为推进会展经济产业生态圈和会展产业功能区建设、实现会展业高质量发展提供指引。2020年8月，全国首个会展新经济产业园在成都开园，开启探索"会展＋产业园"新经济融合发展模式。2022年，《成都市"十四五"国际会展之都建设规划》出台，明确提出到2025年形成优质高效、结构优化、竞争力强的现代会展产业体系，将成都建设成为具有全球影响力的国际会展之都。

成都会议产业发展水平在中西部地区处于领军地位，近年来加速国际化步伐，与以ICCA为代表的国际会议机构建立了紧密合作，推动一系列项目落地。2019年，由ICCA指导的国际会议发展大会永久落户都江堰，大会以商务对接为首要宗旨，加快促进国内外会议项目落地成都。2021年，会议首次扩大参与者范围，邀请成都本地的200余家会议会展服务商加入洽谈，充分展示出成都打造国际会议目的地的强烈愿望。此外，全球

---

① 《瞭望》新闻周刊：《成都会展新出发——打造具有全球影响力的国际会展之都》，载《中国会展》2021年第5期。

首个 ICCA 国际会议研究及培训中心（CIMERT）于 2019 年 12 月落户成都，中心首次编制首部 ICCA 国际会议专业教材，也成功打造了国内首创的政、校、会、媒深度融合国际合作模式。2020 年 12 月，国际会议业CEO 峰会暨全球会议目的地竞争力指数发布活动在成都举办。会上，ICCA 全球首个围绕会议目的地竞争力的专业研究——《2020 年全球会议目的地竞争力指数报告》首次面向全球发布，推动全球会议行业管理机构以全新视角审视会议产业发展和会议目的地城市建设。

成都与重庆两地会展企业的交流已有十多年的历史，抱团发展有着深厚的基础。把握区域协同发展机遇，推进成渝会展产业共建，不仅是提升两地城市品牌的新途径，更是成渝地区双城经济圈加速发展的重要抓手。在 2020 年 8 月召开的成渝地区会展业创新发展大会上，《成渝地区会展业合作发展倡议书》发布，提出融合"会展＋国际开放"共创全球贸易服务平台和国际展贸交互中心，依托"会展＋国家战略"构建双城会展协同平台，围绕"会展＋大城崛起"构建世界城市群赋能平台，共推展会优质品牌，建立双城会展人才交流机制等五点倡议。由 24 家企业组成的"成渝地区会展联盟"同时成立，成渝两地将每年轮流主办成渝会展合作交流大会，充分激发两地会展业合作的内生动力。2021 年 8 月，重庆两江新区与四川天府新区成立八大产业旗舰联盟，其中之一是会展产业旗舰联盟，开启了两地会展行业共谋合作机遇的新篇章。2021 年 10 月中共中央、国务院印发的《成渝地区双城经济圈建设规划纲要》指出，支持重庆、成都共同举办"一带一路"科技交流大会，高标准举办中国国际智能产业博览会、中国西部国际投资贸易洽谈会、中国西部国际博览会、中国（绵阳）科技城国际科技博览会等国际大型会展，为推动成渝地区双城经济圈融合发展做出会展贡献。

（二）为城市可持续发展议题贡献力量

近年来，成都瞄准城市可持续发展这一议题精准发力，不断提升自身在这一领域的话语权。自 2017 年以来，由中国城市和小城镇改革发展中心、联合国人类住区规划署和成都市人民政府共同主办的国际城市可持续发展高层论坛已连续举办六届。在首届国际城市可持续发展高层论坛上，联合国人居署和中国城市和小城镇改革发展中心合作发布了首批 5 个国际可持续发展试点城市，成都作为试点城市之一，被赋予引领国际城市可持续发展先进做法、践行城市可持续发展理念的使命。2018 年第二届论坛联合世界银行等国际机构发布了《国际可持续发展试点城市导则》《城市可持续发展框架》等文件，并举行了联合国人居署成都项目办公室合作备忘录签约仪式，进一步提升了成都在推动实现城市可持续目标中的国际引领力。2021 年第五届论坛除成都主会场外，还在奥地利维也纳、韩国首尔、英国利物浦设立了三个国际分会场，同时举办"一带一路"可持续城市联盟圆桌会议相关活动，切实推进各国城市在可持续议题方面的务实合作。2023 年第六届论坛与第三届公园城市论坛同期举办，成立"一带一路"可持续城市联盟宜居城市专题工作组，并发布《未来城市顾问展望》《低碳城市发展模式案例研究》等一系列聚焦城市可持续发展的报告。成都市"十四五"规划明确提出了"成为充分体现中国特色、时代特征、成都特质的可持续发展世界城市"的发展目标，加强与国际组织合作将继续作为成都推动可持续发展的重要渠道与抓手。

世界城市和区域电子政府协议组织（WeGO）是由韩国首尔市政府于 2010 年 9 月发起、多国地方政府参与的国际性电子政务合作组织，旨在通过促进世界城市间电子政务交流与合作，缩小城市间信息差距。2012 年，成都正式成为该组织会员城市。2012 年 11 月，在西班牙巴塞罗那举办的 WeGO 第二届全体会议上，成都市当选为执行副会长城市，并获得 2013 年执委会和 2014 年第三届全体会议主办权。2013 年 9 月 3 日，成都正式成为 WeGO 亚洲地区办事处，为亚洲城市和地方政府交流学习电子政务和智能城市建设搭建重要窗口。WeGO 是成都《国际化城市建设行动纲要》颁布后引进的第一个重要的地方政府间国际组织办事机构，也是电子政务领域最重要的国际组织，有力发挥成都在电子政务发展中的领军角色，促进成都与世界接轨。

成都从 2010 年开始聚焦世界体育舞蹈国际赛事，自创世界体育舞蹈节这一大型品牌活动，有力推动了全市体育舞蹈的普及和发展，体育舞蹈爱好者从最初的几万人已经发展到 30 余万。得益于浓郁的体育舞蹈氛围，成都成为世界体育舞蹈联合会命名的全球唯一"世界体育舞蹈名城"，也是中国体育舞蹈联合会命名的"全国体育舞蹈重点城市"。2019 年 12 月 27 日，亚洲体育舞蹈联合会（以下简称"亚舞联"）总部落户成都，这是落户在成都的首个国际体育组织总部，也是落户成都的首个国际组织总部。在 2021 年 5 月举办的第十二届中国成都体育舞蹈国际赛公开赛选拔赛开幕式上，举行了亚舞联总部落户成都揭牌仪式，亚舞联工作人员陆续入驻成都城北体育馆。亚舞联的落户是成都体育事业发展的重大突破和里程碑事件，对提升成都的国际影响力、促进世界赛事名城建设具有重要意义，也将不断推动成都、中国乃至亚洲体育舞蹈运动的完善与发展。

（三）友城合作机制开国内先河

成都设立了友城委员会、友城公务员和留学生奖学金等多项具有开创性的合作机制，截至 2023 年底已与全球 108 个城市缔结为国际友好城市或国际友好合作关系城市，成为中西部地区友城交流的排头兵。1981 年 6 月 22 日，法国蒙彼利埃市成为中国成都市的第一个国际友城，这也是中国与法国建立的第一对友好城市关系。40 多年来，两座城市在教育、文化、经济、医疗等多个领域交流密切，通过中欧贸易、师生交流、艺术团体演出等多种方式，增进成都与蒙彼利埃之间的务实合作，促进中法人民之间的相知相识。为庆祝蒙彼利埃与成都结好 30 周年，蒙彼利埃将当地一所新建小学命名为"成都小学"，于 2013 年 9 月正式开校；成都也在高新区设立一所"蒙彼利埃小学"，于 2014 年 10 月正式开学，这是中法交流史上首次以对方城市名命名的一对学校。两市中小学还互设"拉伯雷课堂"和"中文国际课程班"，目前成都已在蒙彼利埃的 6 所学校开设了"中文国际课程班"，蒙彼利埃成为全法国第一个中文课程从小学到高中全覆盖的城市。成都还联合蒙彼利埃设立欧洲第一个中医大学教育文凭，成功设立蒙彼利埃第一个海外办事处"蒙彼利埃之家"，成都电子科技大学与蒙彼利埃第二大学合作共建中法第一对工科院校的孔子学院等，在中法友好历史上共同写下多个"第一"。

成都勇于探索突破，在国内首创"友城委员会"合作机制，促进与重点友城对象的双边往来。2010年12月，成都面向往来合作最频繁的法国蒙彼利埃和美国菲尼克斯分别成立"成都—蒙彼利埃友城委员会""成都—菲尼克斯友城委员会"，开创我国友城创新交往先河。友城委员会吸纳外资机构驻蓉代表担任理事，开展经济、文化、教育、医疗、民生等方面的合作，有效拓宽成都与友城企业、社会组织等主体的对接渠道，打造了友城交往的"成都范本"。除友城委员会机制外，自2016年起，成都还每年连续举办成都国际友城市长创新论坛，为与会城市和国际组织提供互学互鉴的平台和定期交流渠道。

为扩大与国际友城之间实质性的交流合作，成都于2014年设立"国际友城留学生政府奖学金"，吸引了大量来自友好城市的留学生赴蓉学习，引发国际社会对成都城市发展与教育事业的关注。成都还创造性地开设了"国际友城公务员交流奖学金"，推动友城关系可持续发展。作为成都市友城公务员交流奖学金的重要项目，国际友城公务员研修班于2015年首次开班，邀请来自各国友城的公务员来成都培训学习、交流经验。例如2018年成都国际友城公务员研修班共有来自美国、波兰、奥地利、南非、玻利维亚等16个国家19个友好城市和友好合作关系城市的22名公务员参加了为期10天的培训，并参加创交会国际友城市长创新论坛等活动。奖学金项目强化了友城与成都交流往来的动力，促进了友城教育资源健康流动，推动了友城治理经验互通共享。

成都策划了成都国际友城交流展、成都国际友城青年音乐周等品牌活动，并在市中心开设成都国际友城馆，为市民开辟出了解世界、认识友城的窗口。2017年12月29日至2018年3月11日，成都国际友城交流展在成都博物馆举办，来自五大洲56个国家友好城市的近200件外事展品集中展出，并有特别展示市民与友城的"合影墙"，有效提高了民众的参与度，也激发了他们的自豪感。2018年起，成都还连续策划"国际友城雕塑创作活动"，先后邀请50个国家和地区的76位雕塑家来蓉考察调研，设计出20余件雕塑作品落户成都，为市民留下友城记忆。位于天府广场的成都国际友城馆展厅面积110.27平方米，以"开放的成都"为主题，展出与成都友城相关的绘画、书籍、服饰、雕塑、民族乐器等各类外事礼品10余类，共140余件，长期向参观者展示成都四十多年的国际友好之路。在成都友城展览馆的基础上，四川国际友城馆于2023年2月正式揭牌，这是全国首个省级国际友城展览展示场馆，按洲际、国别和时间轴对各友城在众多领域开展的交流合作进行动态展示，见证了四川省改革开放以来融入世界的每段历程。

（四）"熊猫之都"实施精准营销策略

"天府之国"成都在历史、美食、动物、旅游休闲、时尚购物等方面具有特色，青城山－都江堰、四川大熊猫栖息地等已成为名扬中外的金字招牌。成都把握建设"一带一路"、举办第31届世界大学生夏季运动会（简称"大运会"）等重要契机，实施精准的营销策略，努力提升城市的国际知名度。作为大运赛事预热，成都从2019年起面向全球设计爱好者和机构团队征集大运会口号、会徽、吉祥物设计，收到来自102个国家和地区的7000多条口号、2000多件会徽、1000多件吉祥物投稿。在2019年7月举办的意大利那不勒斯大运会闭幕式期间，《蜀绣》《成都》等歌曲表演及大熊猫、中国功夫、中国戏曲等文化元素吸引着世界目光。2020年4月，成都大运会主视觉全球征集活动启动，收到来自海内外艺术家的投稿作品近万份，成为世界级综合性运动会视觉传达系统的历史性创新。2022年3月，成都评选出首批百余位"大运会市民推广大使"，发动市民共同参与活动宣传与文化传播。成都还打造了辐射全球的"大运频道"全媒体国际传播平台，将世界赛事名城建设的理念传播得更远。2023年4月至5月，成都大运会执委会策划组织了"青春有约　唱响大运"系列活动，联动20余所海内外著名高校学子共同传唱大运会主题歌曲。此外还在成都桐梓林国际社区、天府公园举办乐动蓉城"大运音浪 街头唱响"专场展演等活动，进一步营造全民参与的城市氛围。

成都大力推进本地媒体"走出去"、海外媒体"请进来"，创设海内外媒体深度联动合作的品牌活动。"成都媒体访友城"活动自2015年开始举办，由成都市级媒体组成的代表团访问多个国家的友好城市，探寻双方交流合作成果，讲述成都国际化成就。"行走中国·海外华文媒体美丽四川行"（后升级为"川渝行"）活动自2014年开始举办，2023年共有来自美国、加拿大、比利时等21个国家的28家主流华文媒体高层走进成都，感受产业发展成就、城市创新活力与生活宜居品质。成都市广播电视台于2017年起，每年打造"熊猫小记者"全球追访"一带一路"大型公益新闻接力行动，至2023年底已推动七批青少年小记者与50余个共建"一带一路"国家、70余座城市进行了友好互动，并邀请数十位外国"熊猫小记者"及家人来成都过中国新年，活动入选国家广电总局"丝绸之路影视桥工程"重点项目。2019年推出成都首档落地海外的中英文双语电视栏目《西望成都》，依托凤凰卫视美洲台、欧洲台与香港卫视、台湾中天亚洲台、澳门有线电视台等渠道覆盖港澳台以及海外10亿人口，向世界各国观众展示成都发展形象与历史文化内涵。

成都注重把握年轻网民易于接受和乐于分享的方式方法，探索"下沉式"传播路径。2012年，成都正式开通推特、脸书和Instagram账号ChengduChina、GoChengdu，截至2023年底，账号覆盖人次达1100万，与国际友城、驻蓉领馆、重要人士及知名国外组织机构互相关注并长期互动。成都还精准实施"一国一策"的点对点国际传播策略，从2019年开始策划生产面向重要国家或语种的特定宣传片，多个"爆款"视频在全球社交媒体平台"出圈"。以亚洲地区和周边国家作为主要传播对象，根据不同国家文化背景设计各有侧重的视频作品，例如，面向韩国推出的《如何让一个人留在成都？》短视频从韩国女生的视角切入讲述成都宜居故事，该视频浏览量破千万；面向新加坡推出《有一种生活美学叫成都》英语短视频，为"新加坡·成都"文化旅游年造势；面向日本推出《公司派遣成都公干注意手册》日语短视频，以日式幽默解读成都文化等。在 2024 年 1 月参考消息报社发布的《中国城市海外影响力分析报告（2023）》中，成都不仅入选"中国城市（区）国际传播示范案例"，还获评"中国国际传播综合影响力"先锋城市、"国际沟通力领军城市"，成为讲好中国故事的代表城市之一。

六、西安：发挥"一带一路"重要节点功能

西安是陕西省省会、国家中心城市、特大城市、西安都市圈以及关中平原城市群核心城市，是国家重要的科研、教育和工业基地。2018 年 3 月，《大西安（西安市—西咸新区）国民经济和社会发展规划（2017—2021）》全文公布，提出"到 2021 年，西安城市竞争力在全国同类城市中排位显著提升，西部地区重要的经济中心、对外交往中心、丝路科创中心、丝路文化高地、内陆开放高地、国家综合交通枢纽功能日益增强"的发展目标。2018 年 7 月，西安市第十三次党代会审议通过了《中共西安市委关于加快国家中心城市建设推动高质量发展的决定》，文件明确西安国家中心城市的定位为"三中心两高地一枢纽"，即打造西部地区重要的经济中心、对外交往中心、丝路科创中心、丝路文化高地、内陆开放高地、国家综合交通枢纽，建成具有历史文化特色的国际化大都市。2020 年 6 月，陕西省委、省政府印发《关于建设西安国家中心城市的意见》，要求西安紧扣"国家中心城市"这个关键词，重点打造西部地区重要的对外交往中心，强化面向西北地区的综合服务和对外交往门户功能，促进西北地区繁荣稳定。《西安市国民经济和社会发展第十四个五年规划和二〇三五年远景目标纲要》进一步强调扩大高水平开放，建设对外交往中心，打造链接国内国际双循环的国际门户枢纽城市。

（一）"东亚文化之都"底蕴深厚

西安拥有着 5000 多年文明史、3100 多年建城史、1100 多年建都史，

是中华文明和中华民族重要发祥地、中国四大古都之一，也是联合国教科文组织于 1981 年确定的"世界历史名城"。西安拥有大量的名胜古迹和著名景点，如丰镐都城、秦咸阳宫、兵马俑、汉未央宫、长乐宫，隋大兴城、唐大明宫、兴庆宫等都勾勒出深厚的历史底蕴，为开展对外人文交流、参与国际文化合作奠定厚重基础。"东亚文化之都"评选是由中日韩三国共同发起的亚洲第一个国际性文化城市命名活动，是中日韩人文领域的重要成果和东亚区域文化合作品牌，自 2013 年启动评选以来，每年中日韩三国各评选 1 至 2 个城市当选"东亚文化之都"，目前已有 37 个城市获此殊荣。2019 年，西安与日本东京都丰岛区、韩国仁川共同当选"东亚文化之都"。以此为契机，西安在"东亚文化之都"·中国西安活动年框架下举办了八大主题、47 项形式多样的系列活动，彰显了中国气派、陕西风格、西安特色。

作为陆上丝绸之路的起点，西安紧密围绕国家高质量共建"一带一路"总体部署，大力推进"丝路 +"各领域对外交流。国家新闻出版广电总局于 2014 年创办以"一带一路"国家为主体的"丝绸之路国际电影节"，旨在以电影为纽带，促进丝路各国文化交流与合作。作为"丝绸之路影视桥工程"的重点项目，由海上丝路的福州与陆上丝路的西安轮流举办。丝绸之路国际艺术节是经党中央、国务院批准的全国首个有关"一带一路"的常设国家级综合性国际艺术节，由文化和旅游部、陕西省人民政府共同主办，每年一届并永久落户西安。2014 年以来已成功举办九届，规模效应不断扩大，品牌价值日益提升，成为国家"一带一路"文化交流合作平台建设的重点项目和推动对外文化交流的重要平台，为促进丝路沿线各国交流、传承丝路精神、推动文明互鉴做出积极贡献。此外，西安国际文化创意设计大赛、西安国际音乐节、西安国际舞蹈节、"中国菜"艺术节暨陕菜国际美食文化节等活动多姿多彩，为提升城市软实力、增强国际文化交流等提供助力。

西安大力推进"友城 + 文旅"交流合作，促进与国际友好伙伴之间的互惠共赢。西安的友好城市工作起步早、起点高，1974 年日本奈良市成为西安首个国际友好城市，日本奈良的平城京就是以大唐长安城为蓝本微缩而建的。截至 2023 年底，西安已拥有 40 个市级友好城市、68 个友好交流城市、4 对友好交流区县，友城数量位居全国副省级城市前列。西安与 65 个共建 "一带一路" 国家建立了贸易往来，缔结共建国家友好城市 23 个、友好交流城市 47 个，在贸易往来和人文交流等方面不断深化。例如 2019 年 6 月结交的吉尔吉斯斯坦奥什市与西安市相似，都是古代丝绸之路的重要城市和 "一带一路" 重要节点城市；2022 年 5 月结交的格鲁吉亚库塔伊西是欧亚大陆最古老的城市之一，也是古丝绸之路的重要枢纽，西安与这些友城在文化旅游、产业发展、城市建设等领域均展现出天然的合作空间。2023 年 3 月 13 日，西安市与白俄罗斯共和国莫吉廖夫州莫吉廖夫市正式结为友好城市，两市借助欧亚经济论坛、丝博会、"城市日" 等平台开展密切交流，并在 2023 年中国—白俄罗斯 "地方合作年" 框架下进一步深化友好关系。

（二）在世界城地组织中担任领导角色

西安利用中日韩 "10 + 3" 文化城市、丝绸之路世界旅游城市联盟、世界城地组织等城市合作机制，依托国际古迹遗址理事会西安国际保护中心、丝绸之路国际博物馆友好联盟等平台作用，对国际事务的参与度和影响力与日俱增。西安于 2012 年加入世界城地组织以来，积极搭建与世界城地组织的交流对话渠道，争取以更高的水平在组织中活动与任职。2019 年 11 月，西安作为中国和亚太区唯一代表，成功当选世界城地组织联合主席城市，有力提升了西安在世界城市和地方政府中的国际知名度。2021 年 2 月，西安市当选 2020—2022 年世界城地组织亚太区理事会和执行局成员，承诺将继续发挥好联合主席职能，不断为构建人类命运共同体贡献西安力量。在 2022 年 10 月举办的世界城地组织第七届会员大会上，西安市市长成功连任世界城地组织联合主席，表明西安在城市国际组织中的领导角色受到认可并继续保持。2020—2022 年 3 年间，西安共参加世界城地组织及亚太区的全体会员大会、主席团会议等组织治理会议共 54 场，参与联合国框架下会议及全球市长论坛等主题会议共 124 场，极大地提升了西安的城市国际影响力和话语权。

除担任领导角色外，西安还争取世界城地组织多个先锋性项目落户，对于我国一般性城市参与国际组织的思路与模式具有参考借鉴意义。例如，世界城地组织的"地方行动港"项目（Local 4 Action Hub）旨在依托地方政府的城市行动，协调国际伙伴，推动联合国可持续发展目标等国际议程加速落实。2020 年 2 月，西安市政府与西安交通大学向世界城地组织联合发起申请，2020 年 11 月，世界城地组织正式确定将首个"地方行动港"项目——"青年教育与对话港"落户西安。2021 年 7 月 8 日，西安市作为全球 9 个"地方行动港"项目之一、亚洲唯一落地城市，参加联合国可持续发展高级别政治论坛"加速地方行动"分会，受邀介绍"青年教育与对话港"进展情况和经验。西安还与世界城地组织签署了"7 个要点"的合作协议，通过研讨城市文化的战略、政策和文化案例，推动联合国可持续发展目标的本地化，成为西安继"地方行动港"项目落地之后争取到的第二个世界城地组织重点项目。

西安利用"青年教育与对话港"这一平台，通过设立亚太区政府公务员培养项目，每年举办全球青年领导力培训班及高级别青年对话论坛，委托世界知名大学开展高校教育领域的可持续发展目标调研等方式，引导青年群体关注联合国《2030 年可持续发展议程》等全球议程，推动不同文化背景下的全球青年对话和合作。2021 年 8 月，世界城地组织地方行动港"全球青年领导力培训班"及"高级别青年对话论坛"在西安举办，来自 16 个国家、47 座城市的 116 名地方和区域政府公务员及国内外高校师生通过参与交流，依托西安丰富的教育资源，提高青年群体对城市议题的关注。2022 年 11 月，世界城地组织亚太区旅游委员会理事会会议暨"遇见未来：青年文化旅游创新发展交流会"举办，来自 14 个国家 30 个城市的 100 余名国际组织和地方政府领导、文旅部门工作人员线上参会，推动全球地方政府旅游产业治理和发展经验共享，为世界旅游业的振兴繁荣贡献西安力量。

（三）会展融合发展促进城市国际化

西安大力扶持会展融合发展，培育了一大批具有西安特色的国际、国内大型会议品牌与会展活动，近年来承办的国际会议数量在全国排名前五，位居全国中西部城市之首。[①] 2014 年《西安市会展业促进条例》出台，成为全国首个会展业地方性法规，为产业发展营造了良好的政策环境。西安拥有欧亚经济论坛、全球硬科技创新大会、全球创投峰会、中国国际通用航空大会等传统国际会议，丝绸之路国际博览会暨中国东西部合作与投资贸易洽谈会、中国西部国际物流产业博览会等品牌展会，引进或支持举办了碳中和（西安）国际论坛、世界职业教育大会、世界文化旅游产业大会等国际国内知名展会活动，推动"会展＋产业"不断向高层次、多元化发展。西安与博鳌亚洲论坛、中国—亚欧博览会等国内知名展会建立了交流互动机制，进一步拓展会议产业的发展空间。在硬件设施方面，除了 2020 年建成启用的西安国际会展中心外，西安空港绿地国际会展合体、中国国际丝路中心大厦、绿地·丝路全球贸易港、西安高新国际会议中心、西安奥林匹克体育中心等场馆也在加速建设。在 2023 年 3 月举办的第十九届中国会展行业高峰论坛上，西安获评"2022 年度中国最具影响力会展城市"称号。

西安举办了大量以"一带一路"为主题的会议活动，打造共建国家文化、金融、商贸、信息交流的重要枢纽。丝绸之路国际博览会暨中国东西部合作与投资贸易洽谈会（简称"丝博会"）前身为创办于 1997 年的中国东西部合作与投资贸易洽谈会（简称"西洽会"），2016 年正式更名，每年在西安举办。丝博会充分发挥陕西的比较优势和会议平台作用，为着力打造"一带一路"交通商贸物流、国际产能合作、科技教育、国际文化旅游、丝绸之路金融五大中心发挥辐射带动作用。2022 年 12 月 8

---

① 黄欣欣、吕红：《西安城市品牌国际化路径分析》，载《对外经贸》2022 年第 12 期，第 77 页。

日，西安举办 2022 丝绸之路国际产学研用合作会议——丝绸之路传统文化保护开发利用国际产学研用合作研讨会，搭建东西方文明对话视野下的丝绸之路考古与文化遗产管理国际合作平台。2023 年 4 月 25 日，亚洲文化遗产保护联盟大会在西安开幕，宣布亚洲文化遗产保护联盟正式成立。大会发布了《亚洲文化遗产保护联盟西安宣言》，为"丝绸之路考古合作研究中心"揭牌，并启动了亚洲文化遗产保护基金，将为"一带一路"沿线文化遗产保护注入新动力。

西安加快推进全域会展融合发展，构建创新示范新模式。例如为打造立足西部、辐射全国、面向欧亚的经贸合作平台，2023 年第十届欧亚经济论坛期间，配套面积达 7.2 万平方米的 2023 欧亚经济论坛经贸合作博览会暨中国（陕西）进出口商品展同期举办，以落实中国—中亚峰会成果为重点，努力打造西部地区国际参与度最高、外向型经贸活动特色明显、推动地区经济融通的高端博览会。此外，第十一届 APEC 中小企业技术交流暨展览会、第十六届中国新能源国际博览会期间暨高峰论坛、西安国际城市安全高峰论坛暨应急产业博览会、第七届陕西国际科技创新创业博览会暨秦创原创新发展国际论坛、第 13 届中国西部国际物流产业博览会等活动均采用"展会＋论坛"套开模式，在全面展示西安产业领域最新发展成果的同时，借助对话会议促进行业交流合作，共同为放大西安国际会展品牌影响力出谋划策。

（四）城市品牌营销拉动入境旅游

得益于古都城市形象的知名度，西安也是历来国内外游客、媒体关注的焦点。在由中国文物交流中心指导、文物交流智库编撰的《2020 年度中国古都城市国际影响力评估报告》中，西安在国际融合度、传承创新度、文化传播度、品牌知名度、城市声誉度等维度表现突出，以 81.94 分的成绩排名全国第二位，仅次于北京。[1] 在浙江大学发布的《2022 中国城

---

[1] 文物交流智库：《2020 年度中国古都城市国际影响力评估报告》。

市国际传播影响力指数报告》中，西安位居中国城市国际传播影响力榜单前十，且"媒体报道影响力"排名第四，"国际访客影响力""搜索引擎影响力"排名第六，"社交媒体影响力"排名第九，均名列前茅。西安国际媒体关注度辐射全球30多个国家，2020年国际知名通讯社路透社在其官网首页以"Beyond the terracotta warriors—the modern ancient city of Xi'an，China"（"古都新貌：探寻兵马俑之外的中国西安"）为题发布西安城市形象推介专题，美国全国广播公司、哥伦比亚广播公司、《美国城市商业日报》、芝加哥《每日先驱报》、日本《每日新闻》和《朝日新闻》，以及法新社、日本共同社、韩联社、澳联社等近380家全球主流媒体对相关内容进行报道，全球总访问量超过1.1亿人次，向全球受众多维度讲述西安故事。

西安创新国际媒体合作思路，汇聚面向海内外受众宣传报道西安的合力。2017年7月10日，丝路城市广播电视协作体在西安成立，成员包括国内外37家"一带一路"沿线城市媒体，旨在共同打造具有国际视野和区域影响力的宣传展示、新闻传播和人文交流平台，通过国际合作、栏目合作、项目评奖和信息共享等业务，打造具有国际影响力及鲜明文化特色的电视频道。在此框架下成立的西安广播电视台丝路频道是全国唯一经国家新闻出版广电总局正式批准以"丝路"命名的电视频道，立足国际视野、中国情怀，每天播发西安与"一带一路"相关的新闻报道，让观众了解"一带一路"框架下的经贸合作、营商环境、民间交往等相关资讯和信息，起到传承丝路文化、沟通民意民心的作用。西安还举办了2022"一带一路"媒体合作论坛，设置"一带一路"区域合作和全球发展倡议媒体对话会两个分论坛，并邀请来自40多个国家和国际组织的120多位中外媒体代表深入采访调研陕西以高水平开放推动高质量发展的成就。

西安重点打造城市宣传口号，塑造立体化城市品牌。借助"西安年、最中国"等广告热词的传播，在国际社交平台收获热烈反响，"十三朝古都""丝绸之路起点""兵马俑""秦文化"等话题阅读量过百万，网友讨论覆盖全球大多数国家和地区。城市营销不但提升了西安的品牌知名度和影响力，还带动了大量国内外游客前往西安旅游。2019 年西安接待海内外游客突破 3 亿人次，其中国际游客 865.19 万人次，国际旅游收入 88.78 亿元。西安多次入围"国内旅游城市十大人气目的地"、全国"春节最火爆旅游目的地"，被评为全球 20 个热门旅游目的地、全国十大热门旅游城市、十大最安全旅游城市、夜间经济十强城市、最具历史文化底蕴文明旅游城市，荣膺 IAI 国际旅游营销金奖，并作为唯一受邀的中国城市在国际旅游博览会（ITB China）进行经验分享。依托西安的地理区位优势，中欧班列"长安号"联通 20 多个国内城市和亚欧大陆 45 个国家和地区，面向中亚、南亚、西亚国家的"空中丝绸之路"网络加速延展，为西安构建对外交往中心城市按下"加速键"。

第五章

广州高水平建设国际交往中心城市的对策建议

高水平建设国际交往中心城市是提升城市国际竞争力、国际影响力和国际地位的应有之义。广州要坚持以习近平新时代中国特色社会主义思想和习近平外交思想为指导，坚持党对外事工作的集中统一领导，坚持服务党和国家对外工作大局，坚持服务省市高质量发展和高水平对外开放，明确高水平建设国际交往中心城市的战略思路、目标要求与重点任务，加快实现老城市新活力、"四个出新出彩"，锚定"排头兵、领头羊、火车头"标高追求，为服务国家总体外交做出新贡献，在服务中国式现代化建设中展现新作为。

一、广州高水平建设国际交往中心城市的战略思路

进入新时期，面对全国各地国际交往功能日益增强的现状，高水平建设国际交往中心城市具有更大的重要性、更强的紧迫性与更高的使命感。广州应牢牢把握时代机遇，服务国家要求，盘活自身优势，厘清思路目标，将自身发展与外部环境有机统一起来，推动国际交往中心城市建设迈上新台阶。

（一）广州高水平建设国际交往中心城市的历史机遇

中国特色大国外交体系向多层次发展。当前，世界百年未有之大变局与中华民族伟大复兴的战略全局深度联动，构成未来一段时期国内外发展环境的主基调。我国积极构建全方位、多层次、一体化的中国特色大国外交布局，高度重视地方外事工作，充分激发城市在推动对外交往合作、促进地方改革发展中的作用。在国家总体外交框架下，包括省、市、区在内的地方外事协同发力，形成上下贯通、一体联动的对外工作体系。同时，各层次主体开展全方位的国际交往，从内容上涵盖政治、经济、科技、文化、社会等领域，从形式上包括缔结友好关系、举办交流活动、促进民间往来等途径，持续深化拓展中国特色大国外交的理论内涵、实践价值与国际影响。

地方友好交流对象向全覆盖演进。地方的国际交往一方面需要在中央政府的指导下开展交往，另一方面也能够将交往对象扩展至国际社会中的各类主体，并能够根据不同对象特点制定有针对性的交往策略，加深交流合作的效果。地方的对外交往合作不仅表现为开展双边或多边的高层政治对话，同时也表现为企业、媒体、智库、民间组织乃至个人之间的广泛交流，涵盖各国政要、商界领袖、专家学者、青少年、海外华侨华人等各类人群。全覆盖的交往对象范围可以更直接、更广泛地对接国际社会、传递中国声音，积极了解并回应多样化的海外受众需求，有利于以情感互动触

发价值互通，对于增进中外民心相通、促进政府间的政策沟通具有重要的推动作用。

粤港澳大湾区建设提速迎来新机遇。粤港澳大湾区作为中国开放程度最高、经济活力最强的区域之一，是中国与世界开放融通的先锋，在国家发展大局中具有重要战略地位。党的二十大报告强调，要推进粤港澳大湾区建设，支持香港、澳门更好融入国家发展大局，为实现中华民族伟大复兴更好发挥作用。继 2021 年《横琴粤澳深度合作区建设总体方案》和《全面深化前海深港现代服务业合作区改革开放方案》相继公布后，2022年 6 月出台《广州南沙深化面向世界的粤港澳全面合作总体方案》（以下简称《南沙方案》），2023 年 9 月《河套深港科技创新合作区深圳园区发展规划》发布，党中央、国务院从全局和战略高度对大湾区建设做出重大决策部署。广东推动横琴、前海、南沙、河套四大平台各展所长，将持续释放战略叠加效应和强大驱动效应，为携手港澳建成高水平对外开放门户、加快构建新发展格局做出重要贡献。

广州承担探索先行示范经验新使命。与提出国际交往中心建设目标的其他城市相比，广州坐拥毗邻港澳的地理区位优势，应将推进粤港澳大湾区合作，特别是穗港澳合作作为国际交往中心城市建设的重点方向。广州勇于创新机制、积极探索，促进与港澳基础设施"硬联通"和规则机制"软联通"，多项创新举措走在全国前列。进入新时期，广州将更加注重发挥在实施《区域全面经济伙伴关系协定》（RCEP），对标《全面与进步跨太平洋伙伴关系协定》（CPTPP）、《数字经济伙伴关系协定》（DEPA）等国际高水平自贸协定规则中的先导作用，勇于担当制度型开放探索的排头兵。

《南沙方案》为国际交往功能提供新支撑。广州南沙地处粤港澳大湾区地理几何中心，区位优越、交通便利，发展空间大、潜力足。2019 年《粤港澳大湾区发展规划纲要》明确赋予南沙共建粤港澳合作发展平台的重大使命，2022 年《南沙方案》提出支持南沙打造成为立足湾区、协同港澳、面向世界的重大战略性平台，且首次明确提出"构建国际交往新平台"这一重要任务，而此前的《横琴方案》《前海方案》等均未提及国际交往概念，充分表明以南沙为支点，加强与港澳协同合作能够成为广州国际交往中心建设的最大亮点之一。因此，牢牢把握立足湾区这一基础，充分发挥南沙自身功能优势，有利于在为广州高水平建设国际交往中心城市提供独特抓手的同时，也为中国特色大国外交贡献生动鲜明的地方案例。

（二）广州高水平建设国际交往中心城市的使命要求

中国特色大国外交对于统领地方外事工作具有全局性、根本性的指导意义。广州高水平建设国际交往中心城市也要坚持提高站位、服务大局、放眼世界、对标先进，以服务、配合和促进中国特色大国外交为出发点，将落实国家政策指引和发挥地方主观能动性相统一，在国际交往的舞台上讲述气象万千的中国发展故事、中华文明故事、先进城市故事，为推进中国式现代化贡献广州力量。

一是立足城市职能，推动制度创新探索。习近平总书记强调："提高城市治理现代化水平，开创人民城市建设新局面。""要树立全周期管理意识，加快推动城市治理体系和治理能力现代化，努力走出一条符合超大型城市特点和规律的治理新路子。"广州要以高水平建设国际交往中心城市为契机，主动学习吸收借鉴国际一流城市经验，大力推进外事领域治理体系和治理能力现代化，统筹推进城市国际化转型，助力实现老城市新活力、"四个出新出彩"，在服务国家总体外交大局、服务经济社会发展大局中积极担当新作为。

二是提升发展能级，服务高质量发展。党的二十大报告明确指出高质量发展是全面建设社会主义现代化国家的首要任务，推动高质量发展也是党中央对广东、广州一以贯之的重要要求。2023 年 4 月，习近平总书记与马克龙在广州非正式会晤时指出，现在广州正在积极推进粤港澳大湾区建设，继续在高质量发展方面发挥"领头羊"和"火车头"作用。广州高水平建设国际交往中心城市，就是要成为展现我国先进生产力和文明程度的代表性城市，在全球城市网络体系中占据领先地位的城市，以强大的国际影响力参与到国际竞争中，为国家战略的实施提供有效手段，为国家融入国际体系创造有利条件。①

三是彰显自身特色，传播中国形象价值。相较于一般城市，国际交往中心城市更应具备特色鲜明、辨识性强的文化元素与国际形象，以构成面向海内外受众的国际吸引力以及在国际舞台上的较高知名度。广州要牢牢把握自身历史基础、现实条件与未来机遇，形成具有较强记忆点和区分度的城市品牌形象，运用全媒体渠道面向国际社会广泛传播，突出差异化、个性化功能定位。在集中展示中国文化精粹和人文魅力的同时，也让中国式国际交往中心城市的发展成就、平台功能与精神气质深入人心。

四是巩固枢纽功能，联通全球网络节点。国际交往中心城市必然是连接五洲、通达八方的国际综合交通枢纽。广州具备设施和服务完善的国际机场、联通全球的国际通航点及国际航线，以及数量庞大的国际旅客吞吐量，通过港口与其他国际港口城市、航运和贸易机构往来并形成发达的航运服务业，承担起国际航运枢纽功能，还具备发达的铁路、公路交通网络，促进人流、物流、资金流的互联互通。在继续巩固交通枢纽功能的基础上，未来还可进一步推进新型基础设施建设，建设现代化智能化国际信息枢纽，积极抢占数字时代发展高地。

五是发挥示范作用，打造先进治理样本。国际交往中心城市不仅是执行具体交往功能的行为主体，也是展示当代国际化城市治理成果的示范样本。在开展国际交流往来的过程中，应运用教育、宣传、文化交流等手段，持续提升居民的国际化素养，培育专业从事国际交往的人才队伍。软硬件环境并重，营造生态优美、氛围友好的国际化人居环境。要以广州高水平建设国际交往中心城市的生动实践，深化和拓展中国城市治理与地方外事的功能内涵，构建全域发力、全面参与、全民共享的"大交往、大

---

① 陈楠：《城市外交与中国特色大国外交——思想契合、战略对接与机制创新》，载《国际展望》2018 年第 1 期，第 16 页。

交流、大交融"共建格局。

(三) 广州高水平建设国际交往中心城市的目标定位

广州高水平建设国际交往中心城市，必须瞄准国际大都市发展需要，明确未来的前进方向和目标战略。综合现有发展基础与客观发展需要，可将广州建设国际交往中心的目标定位概括为：国家重大外事活动承载地、对外开放合作先行地、高端资源要素集聚地、城市治理创新经验发源地、湾区联动发展核心支撑地、中华文化精粹故事传播地。

一是建设国家重大外事活动承载地。以习近平外交思想为根本遵循，促进"一带一路"重要枢纽城市地位的巩固，促进粤港澳大湾区核心引擎作用的充分发挥，形成新时代中国特色大国外交的地方标杆与先进实践。提升国家重要外事活动的服务保障能力，推动以高端会议、大型会展、奖节赛事为代表的交往平台持续升级，推进外事领域治理体系和治理能力现代化水平得到有力提升，实现国家外交大局服务功能显著增强。加强涉外安全管理与风险防范，提高国际化服务水平。

二是建设对外开放合作先行示范地。广泛结交友好伙伴，推进各领域务实合作，与海内外各方共享发展成果。主动对接高标准国际经贸规则，现代化市场化国际化营商环境达到世界领先水平，放宽外资市场准入限制，吸引国内外巨头企业、独角兽企业等投资或落户，为本地经济增长带来强劲的发展动能。积极推动本地企业"走出去"，开拓广阔的海外市场。构建更高层次的开放型经济新体制，成为招商引资、技术引入、推进发展方式转型升级的"排头兵"。

三是建设全球高端资源要素集聚地。密集举办国际高端会议会展，搭建国际科技创新合作载体，建立本地固定交流品牌，跨国人员流动频繁密集，吸引大批前沿项目及国际人才来穗发展、扎根落户。与国际组织保持紧密的联系合作，争取国际组织机构在穗设立常驻办事机构，形成各类要素集聚和流通的正向循环。使国际科技创新枢纽地位凸显，国际人才高地加快形成，国际大都市要素集聚能力和资源配置能力全面提升。

四是建设城市治理创新经验发源地。充分发挥在城市间国际组织中的领导作用，稳步提升参与国际事务水平和议题设置能力，推动凝聚更加广泛的城市合作共识，显著增强全球城市治理引领功能。进一步巩固联通世界的国际综合交通枢纽地位，城市便利性、宜居性得到明显改善，国际化服务环境不断优化，开放友好平等包容的城市气质充分彰显，打造新时代城市治理实践的广州样本。以城市国际化建设为主线，营造和谐的国际化人居环境，对其他城市建设起到启发借鉴价值。

五是建设湾区联动发展核心支撑地。把握"双区建设"及《南沙方案》出台重大历史机遇，激活粤港澳大湾区核心引擎、大湾区建设主阵地作用，充分彰显国家中心城市和综合性门户城市引领功能，携手大湾区城市共建国际一流湾区和世界级城市群。强化粤港澳大湾区战略合作平台建设，以打造开放新高地为引领，整合资源带动区域城市协同发展，引领湾区城市互动互联互通。不断提高贯彻新发展理念、服务构建新发展格局能力和水平，为实现高质量发展提供根本保证。

六是建设中华文化精粹故事传播地。国际友城、驻穗领团、海外机构、华侨华人等友好纽带进一步夯实，广州"朋友圈"全方位拓宽，中外人文交流品牌被擦亮，独具特色的城市故事深入人心。盘活丰富的文化旅游资源，讲好悠久的对外交流历史故事，保护利用好自然人文观光景点，定期举办文化节庆活动，增强面向海内外受众的国际吸引力。提炼辨识性强的中华文化元素与城市国际形象，运用全媒体渠道面向国际社会广泛传播，集中展示国家文化精粹和人文魅力。

明确广州建设国际交往中心城市的六大发展定位，有利于以此为引领，在推动国际交往作用不断巩固增强的同时，也让广州作为国际交往中心城市的标签更加特色鲜明，在中国式现代化建设中走在前列、当好示范。

二、创新对外工作机制，服务国家发展大局

广州高水平建设国际交往中心城市首先要从顶层谋划设计层面出发，整体提升全市国际交往工作的系统化、机制化水平。针对现已开展国际交往中心建设的多个城市，可积极推动从全国层面构建国际交往中心城市体系，形成服务国家总体外交大局合力。同时也要主动争取更多国家重大会议活动在广州举办的机会，创新全市涉外工作体制机制，并充分发挥粤港澳大湾区核心引擎的独特优势，开展协同港澳、面向世界的高水平开放合作。

（一）推动构建国际交往中心城市体系

一是统筹建立国际交往中心城市体系。中国幅员辽阔、人口众多，地域特色鲜明，坚持党中央集中统一领导，布局建设多层次的国际交往中心城市体系，便于在地理空间上统筹各类国际交往资源，更好地服务国家战略全局和满足地方发展需求，能够为新形势下走和平发展道路的中国式现代化提供有效支撑。从中央顶层设计的角度及早统筹谋划，将建设国际交往中心城市体系的有关表述纳入国家相关政策或规划文件中，在加强外事资源"一盘棋"布局的同时激发各地积极性，共同打造类型多元、层次丰富、联点成网的国际交往中心城市体系，为推动全方位对外开放新格局、构建人类命运共同体汇聚更多力量。

二是明确不同城市的交往定位与功能。要明确各国际交往中心城市的发展目标、发力方向与重点任务，例如北京继续作为代表中国参与国际事务、保障国家重大外事活动的全球性国际交往中心，在全球城市体系中担当我国的首席行政代表。区域性的交往中心城市（如南京、武汉、广州、重庆、成都等）可承担辐射带动周边区域、推动国内城市协同发展的职责，成为特定地区对接全球网络的核心枢纽。地方性的交往中心城市还可分为两类：一类围绕特定主题（如扬州打造运河文化主题的国际交往中

心城市，厦门打造金砖国家合作的国际交往中心城市），另一类针对特定区域（如南宁打造面向东南亚的国际交往中心城市，长春打造面向东北亚的国际交往中心城市等），在发挥地理区位和资源禀赋优势中对接相应的国际交往对象，高质量服务国家总体外交大局。

（二）争取国家重大外事活动落地

一是积极承接元首外交活动。政府间高层会议的参会人员层次最高，引发的国际关注度也最高，对提升举办地的知名度作用非常显著。特别是国家重大外事活动不仅规格高，对举办地的发展促进作用也极为显著和全面。广州目前在主办国家领导人级别会议方面的经验相对缺乏，如能每三到五年举办一次这类会议，将对于提升广州在世界的知名度和国际影响力起到关键作用。应主动坚持中国特色大国外交理念，与中央保持密切沟通，力争承办国家重大主场外交活动。考虑到承办政府间国际组织或合作机制类的会议争办难度较大，也可以主动尝试举办中国与国际区域合作的高级别会议，例如把握广州对外经贸往来合作较为密切的基础，举办中国—非洲合作主题会议，以及面向南太平洋岛国的对话会议等，为中国对外开放合作提供特色支撑。

二是结合重要国际场合做好城市推介。除争取重大外事活动在穗落地外，中国举办的各类重大活动以及领导人参与的高层活动也在日益成为国际舆论场的热点焦点，广州也应充分把握这一有利契机，开展好各类形式的城市推介。要继续紧跟国家领导人出访、重要外交场合、重大国际会议等国际社会集中关注的时间窗口，找准地方发展与高层活动主题的契合点，主动融入国家大外宣格局，实现服务国家总体外交行动与促进地方形象推介的双赢。例如借助 APEC 峰会、G20 峰会、金砖国家峰会等元首外交活动，世界经济论坛、博鳌亚洲论坛、中国发展高层论坛等国际性重大会议，通过综合性文化展演、商务推介、旅游推介等多样化活动创新城市形象全球推介会活动形式，全面提升城市形象国际显示度和美誉度。

三是联合香港、澳门策划重大国际会议活动。在"读懂中国"国际会议（广州）常设粤港澳大湾区主题论坛，在从都国际论坛举办粤港澳合作主题分论坛，积极邀请港澳嘉宾作为中国特别行政区代表参与全球市长论坛等在穗举办的重大会议活动，为湾区城市创造更多集体展示的机会。探索举办粤港澳大湾区与世界其他著名湾区对话的主题论坛，促进各知名湾区先进建设经验交流共享。依托海丝博览会等平台设立有关大湾区发展的主题论坛，联合港澳举办"一带一路"主题展会，探索内地与港澳"一展两地"或"一展多地"新模式。借助2025年粤港澳合办第十五届全国运动会的契机，推动三地联合举办更多会展奖节与大型文体赛事，加速国际高端活动资源集聚，推动粤港澳大湾区成为新发展格局的战略支点、高质量发展的示范地、中国式现代化的引领地。

（三）改革创新涉外工作体制机制

一是完善外事工作领导机制。牢固树立党管外事原则，切实加强党对外事工作的集中统一领导，做好统筹协调，增强工作合力。在党管外事的大方向下，建立高效规范的外事管理服务统筹协调机制，以创新思路和办法破解难题，厘清国际交往中心城市建设中的内在逻辑和发展规律，加强体制机制、政策制度、方法模式等方面改革创新。高度重视规划的引领作用，通过制定国际交往中心建设规划，明确不同阶段的原则方向、建设目标和重点任务，有规划、有步骤、渐进性地推进国际交往各项工作。盘活现有在穗国际机构资源，举办团拜、联谊、考察调研等活动，搭建国际机构间沟通往来的多元化平台，出台相应政策对表现突出的机构与个人进行奖励。加强全局性谋划、战略性布局、整体性推进，在更广层面和更深层次整合全市资源，优化要素配置。

二是积极构建部门及市区联动协调机制。国际交往中心城市建设是一项复杂的系统性工程，虽然以外事部门为牵头单位，但却关乎全市经济社会发展各领域，需要各单位和部门共同参与和支持，打造"大外事"工作格局。要树立"外事＋"理念，整合全市对外交往资源，构建由市委外事工作委员会牵头，各涉外部门和组织机构共同参与的工作机制，定期召开联席会议，跟踪督导实施效果。要加强部门之间的相互协调与通力合作，定期磋商针对特定国家、城市、行业领域或群体的差异化、分众化交往策略，融合多种活动形式，共同为经贸、科技、文化、教育、医疗卫生等领域的对外交流牵线搭桥。建立市区联动的纵向配合机制，支持各区立足自身发展基础，打造一批具有对外交往合作特色的平台，探索开展差异性制度改革。

（四）探索大湾区对接世界合作机制

一是引领带动粤港澳全面深化合作。促进粤港澳大湾区区域内规则制度与国际通行的规则制度相衔接，高水平参与国际规则制定。有针对性地选取重大合作平台，在重点领域和关键环节先行探索、积累经验，"以点带面"发挥粤港澳大湾区在进一步深化改革、扩大开放、促进合作中的试验示范作用。继续坚持基础设施"硬联通"和规则机制"软联通"并举，促进要素高效便捷流动，建设高水平对外开放门户。在资源跨境流动、投资贸易便利化、多元化纠纷解决机制等方面探索新范式，在科技创新、要素市场化、投融资、营商环境建设等重点领域研究推出更多改革举措，加大金融赋能实体经济力度，不断提升大湾区市场一体化水平。强化粤港澳大湾区与京津冀、长三角、海南自由贸易港等区域重大战略的联动发展，深化对内经济联系、增加经济纵深。

二是共建人文湾区推动对外文化交流。激发粤港澳大湾区血缘相亲、同文同宗的纽带作用，发挥穗港澳三地不同文化特色优势，筑牢人文湾区的精神根基。发挥广州作为海上丝绸之路保护和联合申报世界文化遗产城市联盟牵头城市的作用，联合香港、澳门、佛山等会员城市深入开展海丝申遗和文化交流工作。巩固粤港澳大湾区城市旅游联盟，促进区域优质旅游资源共享，构建一批具有国际竞争力的旅游产品和服务品牌。以广州国际友城大学联盟为载体，面向湾区各城市开放合作平台，尤其吸纳北京师范大学—香港浸会联合国际学院、香港中文大学（深圳）、香港大学（深圳）、香港科技大学（广州）、香港城市大学（东莞）以及未来其他香港澳门与内地合作高校加入联盟，共同开展与国际先进高校的联合研究和人才培养。依托亚洲青年领袖论坛，积极鼓励港澳地区爱国青年参与活动，加强与世界青年的深度对话，争取形成青年领袖储备培养、凝聚共识的固定机制。

三是优化大湾区宜居宜业宜游环境。以打造粤港澳大湾区优质生活圈为抓手，深入实施"湾区通"工程，探索构建面向全体来穗国际人士的便利化生活环境。开展技术移民试点，实施更加开放便捷的境外人才引进和出入境管理制度，以大湾区内人才资格互认为切口，探索建立国际职业资格证书认可清单制度，不断健全吸引国际人才来穗政策与扶持力度。推动引进更多国际一流教育、医疗、社会保障等公共服务机构，营造与港澳相衔接的公共服务和社会管理环境，增强居民归属感和幸福感。推进全方位互联互通，推进"轨道上的大湾区"和世界级港口群、机场群建设，打造大湾区"1小时交通圈"，辐射带动周边区域发展，打造宜居宜业宜游优质生活圈。

三、塑造交往活动品牌，巩固高端交流平台

各个领域的国际交往活动品牌是助力国际交往中心城市建设的重要载体。广州要进一步搭建高端国际会议平台，巩固传统会展行业优势，增强文化活动的国际吸引力，提高节庆赛事受众参与度，在既有"国际范"又有"中国味"的对外交流活动中取得卓越的交往成效。

（一）放大卓有影响的国际会议品牌

一是由上至下完善办会办展工作体系。搭建国际会议交往平台应加强统筹谋划，设立专门机构，制定专项方案，强化相关研究，为会议举办和促进成果落地提供坚实的政策保障。考虑到高端国际会议的引进和举办涉及多方面协调工作，政府部门应对标国际国内先进城市经验，设立统筹促进会奖节展（MICE）活动的专门机构，如会展局或会展办等，负责对国

际会议的统筹开发、宣传推介和协调运作。适时建立大型国际会议专项工作小组，定期举办联席会议，在服务保障大型会议中增强资源协调与信息互通。不断增强对各类国际会议和大型活动的开发招揽和服务促进能力，优化国际会议申办审批流程。建立长期跟踪机制，对会议达成的合作成果、持续影响、达成共识等进行监督。

二是掌握国际高端会议主导权。定期举办广州掌握自主权或主导权的高端国际会议，擦亮特色国际会议品牌。鉴于广州已经形成了多个具有国际知名度的品牌会议，应主动谋划、积极推广，继续擦亮常态化主办以及永久落户广州的国际会议品牌，不断提高国际参与度和扩大积极影响。持续举办"读懂中国"国际会议（广州），依托其在广州的永久会址做强品牌效应。每年举办从都国际论坛，吸引更多国家政、商、学界领袖参与，逐年提升国际影响力。完善全球市长论坛常态化运行机制，探索设立全球市长论坛秘书处，引领全球城市治理合作。争取引入更多具有世界影响力的国际会议和论坛项目，让会议效果辐射更多层次、更广范围的国际受众。

三是推动行业类会议发展壮大。行业性、专业性会议是国际会议市场的主体，举办难度也相对较低。广州应充分发挥产业优势，每年举办国际金融论坛全球年会、中国广州国际投资年会、世界超高清视频产业发展大会等一批行业性、专业性国际会议，打造为国内外经济精英提供高层对话、探讨合作、共商发展的重要平台。继续擦亮大湾区科学论坛、官洲国际生物论坛、《财富》全球科技论坛等科技创新品牌活动的名片，打造全球科技创新活动高地。继续举办广州全球城市评价研究学术会议等品牌会议，建设国际学术会议集聚目的地。鼓励各相关部门、行业协会、高校科研机构积极申办行业性、部门性、专业性的国际会议、圆桌对话会和小型研讨会等，发动各方力量共同推动会议行业发展壮大。

（二）巩固竞争力强的国际展览品牌

一是加强与国际会展机构合作。加强与国际机构、行业协会学会、高校科研机构、公司企业等主体的沟通协调，促成更多合办项目落实落地，做大做强国际会议市场。深化拓展与国际大型会议协会（ICCA）、国际专业会议组织者协会（IAPCO）、会议策划者国际联盟（MPI）、国际协会联盟（UIA）、国际展览局（BIE）等会展业国际组织的联系合作，借助国际会议组织的资源渠道，吸引该类平台内的国际会议来穗举办。同时依托其专业网络，加强与国际知名会议城市的联系，开展规划管理、设施建设、人员培训、信息咨询、秘书服务等方面的合作，不断学习更新办会经验。除各类机构外，也要加强与国际知名会议展览公司如英国博闻集团、法国智奥公司等的联系，相互对接优势资源，寻求更多合作举办国际会议的机会。建立会展引进的目标库，实现"以展促会、以会带展"。

二是构建会展产业多元参与体系。激活广州市会展业行业协会功能，扩大会展公司、会议场馆、广告媒体、交通运输、研究人员等主体共同参与，在培育引进会议、制定行业规则、促进信息交流、监督会议市场等方面发挥更加积极的作用。树立培育目的地管理公司（DMC）、专业会议组织者（PCO）、专业展览管理机构（PEO）等机构的专业意识，培养在国内有较强影响力的本地会议策划服务公司、有发展潜力的中小会议公司，推动本土会议公司上规模、上档次，增强其国际竞争力。探索实施"会议/会展大使"计划，聘请广州各行业带头人、跨国公司高层、国际机构及协会代表等作为"大使"，广泛链接各领域国际会议资源。鼓励"走出去"办会办展，提高各类会议举办和服务质量，展示和输出高标准、国际化办会的"广州模式"。

三是制定会展行业发展评价方法。因会展业涉及内容领域广、统计数据庞杂，国内外尚未形成统一的发展评价标准，可研究制定符合广州市情的会展行业统计方法和指标体系，加强对产业发展的指导和督促。加强对会展业的深入调研摸查，及时跟进国内外会展业发展前沿最新动态，全面分析全市产业链中的资本分布、市场主体结构、产业效益、对其他行业的带动等情况。完善会议会展业相关法律法规，加快研究和解决知识产权相关问题，加强对会议会展名称、商标等的规范化管理，营造有利于会议业健康发展的法律环境。对在广州举办的符合条件的国际性会展活动予以资金补贴或奖励，加大扶持保障力度。建立会议举办主体、参会代表的意见反馈机制，与主管部门形成良性沟通互动。

（三）策划缤纷多彩的文化活动品牌

一是擦亮既有特色文化名片。作为岭南文化的重要集源地、中外文化的精粹汇聚地，广州应利用好自身的文化优势，擦亮红色文化、岭南文化、海丝文化、创新文化等品牌，加快文商旅融合。支持引进全球高端演艺项目，深化电影、漫画、戏剧、演艺等优势文化产业发展。加快建设数字图书馆、数字博物馆、数字文化馆等文化信息资源共享平台，推进优秀岭南文化产品的数字化、网络化生产和传播，打造具有地域特色的网络文化品牌，建设网络文化发展先进城市。加快国家版权贸易基地建设，培育一批具有国际竞争力的外向型文化企业、中介机构和著名品牌，增强城市文化软实力。积极参加世界城市文化论坛相关活动，共商城市文化发展经验和策略。

二是常态化开展对外文化交流。广州应实施更加开放包容的文化措施、丰富多彩的文化活动，促进中外文化交流，促进国际民众与广州的互知互信，增强城市国际口碑好感度。充分借助"我的中国、我的年""欢乐春节""亲情中华"等国家重点文化项目，"借船出海"推进岭南文化走出去，生动诠释岭南文化蕴含的中国精神、中国价值、中国力量。抓牢"广州文化周""广州国际友城文化艺术团"等对外文化交流活动，加强非物质文化遗产保护传承和展览展示，每年组织赴国外开展粤剧、广东音乐曲艺、岭南木偶、杂技等岭南文化精品剧目巡演，举办雕塑艺术展览、非遗艺术展示、文物精品、书画展览活动。抓细"丝路花语——海上丝绸之路申遗文化之旅"品牌项目，赴共建"一带一路"国家开展系列文化交流活动，深度推进民心相通。

（四）扶植驰名中外的节事活动品牌

一是打造世界级体育赛事聚集地。精心举办广州马拉松赛、广州南沙国际帆船赛、广州国际龙舟邀请赛、世界羽毛球巡回赛总决赛等品牌体育赛事，以及2025年第十五届全国运动会有关项目等重大赛事，加强与国际体育组织机构联系，争取申办更多国际高级别赛事，打造世界级赛事聚集地。进一步推动中国体育文化博览会、中国体育旅游博览会优化提升，增强社会和经济效益。扎实开展体育产业调研，研究出台体育产业高质量发展相关政策文件。促进本土职业体育俱乐部壮大，扶持职业体育发展，培养全民健身氛围。

二是办好本地文化节庆活动。整合提升中国（广州）国际纪录片节、中国（广州）国际演艺交易会、广州国际艺术博览会等品牌性文化展会，全面提升广州文交会对外影响力。依托中国（广州）国际纪录片节，建设国际纪录片资源汇聚地、亚洲纪录片文化总部、国际纪录片交易中心，提升市民文化审美与城市文化自信。扩大广州迎春花市、广州民俗文化节、广府庙会、国际龙舟邀请赛等传统品牌活动国际影响力，增强受众关注度和参与度，吸引更多国际人士参与文化交流。积极参与世界美食城市联盟推广交流活动，持续举办国际美食文化节，推动"米其林指南"发布更新，推进"粤菜师傅"工程建设，擦亮广州国际美食之都的名片。

四、拓展国际合作网络，深化全球伙伴关系

广州要以国际组织为重要平台，以友好城市为主要对象，充分发动华侨华人、国际友人、市民特别是青少年、企业以及智库等重点主体的广泛参与，对外广交朋友、广结善缘，做到"结交新朋友、不忘老朋友、深交好朋友"，为建设国际交往中心城市创造更多来自全球的友好伙伴。

（一）强化在国际组织中的领导作用

一是巩固在城市国际组织中的领导力。要继续立足广州在世界城地组织、世界大都市协会等主要城市国际组织中的领导角色，深入推进会员城市之间的交流沟通，发挥各类主体的资源渠道优势，增强城市参与国际事务能力。以运作世界大都市协会亚太区办公室为契机，提高对亚太城市国际交往网络的统筹功能，激发亚太地区尤其是国内其他会员城市参与国际组织的积极性，共同提升国际话语权。在时机成熟、软硬件条件完备的情况下，谋划打造国际组织集聚区，不断提升配套服务水平，吸引国际组织及其分支机构落户。探索推动建立部—省—市联系机制，积极争取上级支持在资产购置、税收缴纳、人员出入境等方面研究制定出台相关的优惠政策措施。充分利用国际组织落户所带来的"溢出效应"，使国际组织落户同城市基础设施、产业发展、文明提升以及城市的国际化程度提高相联系，形成良性互动的格局。

二是深化与高端国际组织的联系。强化与联合国人居署、联合国教科文组织、国际劳工组织、世界卫生组织等的联系，与人居署合作开展全球试点城市规划设计实践，以广州智慧惠及世界。继续与C40城市气候领导联盟、倡导地区可持续发展国际理事会、世界城市文化论坛、国际灯光城市协会、城市与区域规划师协会等知名国际组织进一步加强合作，在城市治理创新、城市国际化及创新发展等方面深化交流研究，推进全球资源共享。根据不同国际组织性质特点研究差异化交往策略，创新参与国际组织形式，深化会、展、奖、节和培训研修等国际组织活动参与效果。

三是鼓励多元主体加入行业性国际机构。在巩固好与现有城市国际组织联络的基础上，可鼓励全市各部门、机构与个人立足自身特质，积极寻求国际组织参与机遇，为国际交往中心城市建设拓宽交往渠道。各行业协会、文化组织、学术机构以及博物馆、音乐厅、体育俱乐部等主体加强对外行业合作，主动与国际高校联盟、图书馆联盟、博物馆联盟、体育联盟等行业性组织建立关系并推进合作。

（二）进一步拓展友好城市对象

一是促进友城布局进一步优化。目前广州已经成功突破友城结好"百城计划"，下一步在持续稳步增加友城伙伴数量的同时，也要更加注重完善友城交往布局、提高交流合作质量，要特别注重提高友城工作的实效性。两个城市之间在地理、产业、历史、文化等方面的相似性或互补性是开展交流合作的基础前提，因此广州在对外结交友好关系前，应加强对目标城市的调研考察，深入了解其在经济、社会和风土人情等方面的优势特点和合作潜质。从结交对象所在的地区上看，广州在许多国家的友城尚未实现"零"的突破。除了继续巩固与周边近邻国家、欧美发达国家等重点地区的友城关系，也要重点推动与"一带一路"共建国家城市、RCEP成员国城市，以及与拉美、非洲、大洋洲等地区的友城关系，形成范围更广、覆盖更全面的对外友好交流态势。支持广州港、广州图书馆等主体拓展友好港口、友好图书馆等结交对象，鼓励全市社区、街道、公园等发展国际伙伴，共同打造立体多元的友城联系网络。

二是深化友城经贸科技合作。在开展国际友城交流合作中不应使用一视同仁的套路化模式，而是要针对不同国家的城市情况，根据其经贸、科研及人力资源等发展状况制定精准化、差异化的交往策略，提高交往效能。以加强友城经贸合作为主线，根据不同友城的产业发展特点甄选合作对象，推进具体项目转化落地。将友城互访与经贸交流有机结合起来，通过举办经贸洽谈会、投资推介会、商务圆桌会等形式，发挥友城对开放型经济的带动和辐射作用。以友城作为"引进来""走出去"的重要纽带，强化与友城商业组织、行业协会及龙头企业的联系。把友城伙伴作为开展高水平科技创新合作的窗口，加强与友城在技术研发、科技成果转化、数据资源共享等方面的联合攻关。加强与友城之间的人力资源培养、交流与合作，与目标友城互派公职人员进修及工作，学习先进治理经验。探索设立国际友城奖学金项目，对广州与友城间的优秀学子交换学习、深造提供资金支持。

三是擦亮友城交流活动品牌。依托"三城合作联盟"模式经验，巩固拓展友城多边合作机制和项目建设，为企业发展、技术共享和城市推介搭建共通平台。联合全市文化部门、文艺团体及演职人员，持续举办广州国际友城文化艺术团演出活动，深入推进中外人文交流往来。以与友城文艺团体开展互访演出、联合表演、竞赛评奖等形式，提高文化交流的互动性和参与度。以国际友城大学联盟为平台，继续吸纳更多国际友城高校成为成员，在合作办学、师资培养、行政管理、科研攻关等方面加强交流，提升国际合作的深度与广度。持续举办国际友城足球交流活动，促进广州及友城校园足球文化健康繁荣发展。对现有友城的信息数据进行系统化梳理，及时更新多语种友城知识专栏，为读者提供集成式资料查阅平台。还可在"谊园"基础上，探索设立地点固定的友城展览馆，常态化展示广州友城风貌。

（三）汇聚民间多元主体参与力量

一是筑牢海外华侨华人纽带。发挥其独特的桥梁连接作用，持续擦亮广州市荣誉市民品牌，强化广州海外联谊会、侨商会等平台作用，扩大感召力、影响力。依托"侨梦苑"平台，为海外人才来穗就业创业提供有利机会与良好条件。注重培育新生代侨友，通过举办海外华侨华人社团中青年领袖研习班、"一带一路"沿线国家师资培训班、港澳台中青年骨干培训班、归国留学人员理论研修班等各类培训班，以及海外中青年侨领广州创新创业体验活动、留学报国座谈会等活动，增强与新一代华侨华人特别是优秀海外中青年侨领之间的交流联络。塑造侨文化交流品牌，依托各区基础优势，广泛开展主题鲜明、内容丰富的涉侨系列文化活动，常态化举办海外华文幼师班、世界华文文学青年论坛等品牌活动，用好华侨博物馆新型公共文化平台，擦亮广州侨文化名片。

二是激发在穗国际友人积极性。创新开展"国际范儿"品牌活动，根据常住居民国别特点，精心策划国际邻居节、中外节日联欢、文化风情周、中外结好纪念等主题体验活动，为各国居民展现本国文化及才艺创建平台。依托中外友人运动会等既有载体，夯实体育竞赛、美食烹饪等活动形式，在轻松交流中展现不同文化背景的生活理念。通过沙龙分享会、圆桌会等方式了解外籍居民们关注的切身问题，让国际友人与本地居民有更多的直接接触，加深对中国的认识与了解，化身"文明使者"，把真实友好的中国介绍给国际社会。组建中外志愿者联合服务队，充分激发外籍人士参与公益活动的积极性，共同参与城市美化、语言传授、知识科普等服务，实现"以外助外"的良好效果。

三是提高市民国际交往素养。科学规划城市国际交往的双轨制，更多凸显民间团体和个人的鲜活形象和积极作用。强化广州国际交流合作中心、广州国际交流合作基金会作用，为国际机构与友好人士在穗交流及项目孵化等提供支持服务。依托广州市公共外交协会、广州市海外交流协会等平台，把握民间友好团体的多元力量，引导社会各界形成参与国际组织的合力。利用好大众宣传教育媒介，增强对各国城市文化差异及民族宗教等社会背景的教育普及，引导市民在交流过程中侧重求同存异、凝聚共识，促进国际理解教育。通过举办中外知识竞答、游记征集、座谈会等形式，鼓励大众踊跃参与，提升全体市民对于国际交往中心城市建设工作和成就的基本认识。

四是扩大青少年国际视野。以新生代友好交往为重点，着重推进广州青少年与海外同辈相识、相知、相亲，长期涵养国际友谊。支持本地青少年艺术院团走出去参加各类表演交流活动和国际性文艺赛事，为国内外青少年创造更多交流对话机会，搭建友谊桥梁。积极组织国际游学团来穗探访，策划岭南文化体验、本土企业考察、与本地学生联谊结对等文化交流活动，增进国际青少年对中国文化、岭南文化的理解。将文化课程、文艺交流、体育赛事等环节相融合，突出广州特色元素，打造国际友城青少年"一站式"来穗文化体验营。选拔一批广州地区青少年成为"中外友好小大使"，宣讲广州风貌、分享海外见闻，通过青少年的亲身体验来拓展其同龄人的国际视野。

五是提高企业国际交往意识。企业的传统理念以经营活动为主，对外交往意识和能力相对不足。对于企业而言，首先应在国际市场做好产品、获取口碑、争取份额，在贸易对象国家和地区中树立良好的国际形象。行业领军型企业还应从战略上积极引领行业标准制定，积极抢占行业话语权，彰显中国企业国际影响力。[①] 将企业文化、社会责任和可持续发展理念等作为主要内容，为企业相关部门负责人提供国际贸易、国际关系、商务外语、跨文化管理等学习板块，针对各国国情特点、风土人情及涉外领域风险等开展培训，培养一批具有全球化视野的杰出企业家。发挥企业的"穿针引线"作用，促进国外项目所在城市与国内相关城市的地方政府交流和行业协会交流，为城市之间的交往提供助力。

六是开拓智库国际交往渠道。建立健全常态化的中外学术交流机制，加强与国内外具有影响力的研究机构、专家学者的交流与合作，将智库交往打造成为新时代广州对外交往的新平台。鼓励、引导和支持广州地区智库机构与权威国际智库开展研究合作，构建国际化、高端化的智库交流平台，培育具有较大国际影响力的科研合作品牌项目，产出能够引发国际广泛关注的智库科研产品，推动本地智库参与国际组织交往和发声。与世界知名大学、外国智库、研究机构合作在海外城市召开广州研究国际研讨会，设立"全球学人聚焦广州"研究资助项目，为广州发展凝聚国际智慧。推动有条件的社会智库申请联合国经济及社会理事会咨商地位，深度参与全球治理。

五、加强品牌形象传播，讲好中国式现代化故事

"讲故事，是国际传播的最佳方式。"广州独具特色的品牌形象为讲好城市故事、湾区故事、中国故事提供了取之不尽的素材库。要把握好城市形象的顶层谋划设计，从国际交往中心城市形象、引领全球治理创新形

---

① 魏修柏、杨立华：《中国企业公共外交的现状、特点与模式：基于企业案例的研究》，载《公共外交季刊》2017 年第 4 期，第 104 – 110、135 页。

象、最佳投资目的地形象、世界旅游目的地形象等方面集中策划，勇当中国式现代化的成果展示窗口。

（一）塑造国际交往中心城市形象

一是谋划国际交往中心城市形象传播机制。塑造并传播清晰、独特、有力的城市形象有助于城市整体国际地位的巩固提升，应从国际交往中心城市品牌形象的体系构建出发，加强国际传播能力架构建设，实现高站位、全覆盖、分众化传播。高站位把握国家大外宣格局，强化国际品牌形象体系筹策划，将总体工作部署落实到提升广州国际大都市品牌形象的具体工作中，构建符合国家整体战略、城市形象鲜明突出、全社会共同参与的城市形象国际传播体系。提炼城市国际品牌的特色素材库，精选发展优势领域，充分展示广州作为商贸枢纽、创新枢纽、开放枢纽、文化枢纽等的实力、活力和魅力，塑造地方特质彰显、内涵价值丰富、识别度高的国际品牌体系。结合互联网年轻用户的口味偏好，创建一批"网红地标""网红体验"打卡点，为打造"网红城市"提供政策支持、舆论引导与热点制造。

二是制定广州故事细分化传播策略。聚焦中国式现代化的科学内涵，提炼广州在全过程人民民主、推动生态文明建设、实现高质量发展、积极履行城市在全球化中的引领作用等的实践故事，通过各种形式的人文交流活动、先进的传播技术，传播至世界其他国家，展示丰富多彩、生动立体的中国形象、广州形象。根据不同国家和地区、不同受众人群的认知背景制定精准化、细分化国际传播策略，持续聚焦国内外普通人真实鲜活的小故事，深入挖掘广州各行各业与世界各国情感联结、合作共赢的鲜活事例，突出中外"和而不同、美美与共"情感共鸣点。继续"走出去"开展广州中外友好故事会及配套交流活动，形成"境内—境外—线上线下—动态深度"的全方位、立体化传播格局，将"故事会"打造成为广州城市对外传播的"第一品牌"。

三是促进中外媒体深层次合作。每年组织开展具有较大影响力的城市公关活动或事件营销活动，深度开展本地媒体与中央、省级媒体全天候合作，有序开展与国外主流媒体、海外华文媒体、社交媒体平台的互动合作，吸引海内外媒体共同参与城市营销和品牌传播。定期组织世界主要华文媒体看广州、"一带一路"国家主流媒体看广州、世界主流财经媒体广州行等品牌活动，推动国内外更多具有重要影响力的媒体来穗采访与交流，扩大涉穗宣传报道覆盖面。积极参加国内外城市形象相关评选活动，借机做好前中后期铺垫宣传和成果总结工作。探索设立"广州国际传播奖"，结合全球媒体发展趋势评选年度全球涉穗最佳新闻报道，表彰在组织涉穗新闻国际传播活动中做出卓越贡献和重大成就的机构和人士。争取建设国际城市传播联盟、湾区国际传播联盟，共同探讨城市形象塑造传播战略。

（二）打造引领全球治理创新形象

一是增强对国际议题的设置能力。广州应以维护国家安全和利益为核心，以推进城市经济社会发展为出发点，提高对国际事务和热点议题的把握程度，大力推广城市治理先进经验，综合提升国际话语能力。在继续参与现有城市国际组织的过程中，应更加注重对于城市发展关键性议题的关注与把握，采取积极主动的话语策略，不断增强在世界舞台上的话语分量。紧密围绕联合国可持续发展目标与《新城市议程》，更加注重对于城市群协同发展、城市改造、环境保护、智慧治理等城市发展关键性议题的关注与把握，探讨可持续发展目标与各国城市发展的交汇点，携手其他国家的城市共同应对减贫、就业、能源、环保等全球性议题，构建互利共赢的城市合作伙伴关系。提高对国际法规及国际组织规则的熟悉与掌握，打破西方发达国家对国际组织话语的垄断。

二是扩大广州奖国际影响力。设立广州国际城市创新奖办公室，实现一体化、实体化运作，为全球城市治理创新提供高质量国际公共产品。持续放大广州奖品牌系列活动影响力，吸引更多国家城市报名参选，打造世界城市决策者盛会。借助联合国世界城市论坛、联合国人居大会、联合国可持续发展问题高级别政治论坛等平台更多"亮相"，介绍中国城市的发展模式和经验，为全球城市发展提供有益借鉴。以"广州奖＋"为引领，定期举办国际城市创新领导力研讨班等活动，重点聚焦妇女权益、青年发展、儿童友好及长者关怀等议题举办小型配套活动，促进国际组织与民间组织及公众对接，提升活动专业深度与影响受众精准度。

三是深化城市创新治理案例研究。编发世界大都市协会中文版会刊、培训资料、会议汇编和电子通信等宣传物，以多语种形式定期发布《广州全球城市发展报告》、广州城市治理评价榜等成果，尝试开展城市国际化评价标准体系、国际交往中心城市形象指数等研究。把广州奖国际城市创新数据库与世界大都市协会城市可持续性交流平台（urban sustainability exchange）加强对接，主动上传广州革新发展案例，收集借鉴其他城市创新经验，打造地方政府落实可持续发展目标的"实验室""知识库"。探索建立国际城市创新观察员制度，邀请更多国内外在城市治理领域有影响力的政府官员、专家学者参与进来，为各项议题提供多元视角与专业意见。

（三）培育最佳投资目的地形象

一是打造对外开放制度创新高地。争取更多制度型开放先行先试，对接 RCEP（《区域全面经济伙伴关系协定》）、CPTPP（《全面与进步跨太平洋伙伴关系协定》）、DEPA（《数字经济伙伴关系协定》）等高标准经贸协议，谋划制度、规则、标准的国际化改革，加强跨部门、跨领域、跨行业统筹协调，加强制度集成创新，制定改革路线图和时间表，实行更大强度压力测试，推动改革开放的深度广度持续拓展。深化自贸区创新集成，打造南沙重大战略性平台，加强跨境服务和基础设施建设，把南沙打造成为高水平开放的新引擎。落实外贸发展一揽子政策，优化外贸产品结构，把握全球经济复苏的契机和区域发展需求差异，大力支持新能源汽车、光伏产品、环保节能产品等新贸易增长点释放发展潜力，提升外贸主体信心。建设南沙、黄埔国际进口贸易促进创新示范区，创建知识城综合保税区，以体制机制创新推动外贸质量提高。扎实开展全面深化服务贸易创新发展试点、服务业扩大开放综合试点和服务外包示范城市建设，力争率先被纳入国家服务贸易创新发展示范区，用好国家级平台政策优势持续推动特色优势服务出口。

二是持续优化招商引资环境。加大"请进来""走出去"力度，开展好重大项目招商引资工作，让更多国外的优质产品进入本地市场。实施招商合作伙伴计划，积极参与国家"投资中国年"系列活动，探索"广州＋"等联合招商，推动更多产业、人才、资本聚拢广州。加大外商投资合法权益保护力度，实施促进外资高质量发展 20 条，提升企业归属感。优化营商环境迭代改革，深化国家营商环境创新试点，以企业和市民感受为第一标准，推动新一轮营商环境改革。争取省数字政府技术支持，推动不动产登记、开办企业等基层政务服务"全流程网办""跨城通办""全城通办"，实施国家市场准入效能评估试点。依托国家企业信用信息公示系统，实现涉企信用信息互联互通、共享应用，推进社会信用体系建设高质量发展。

三是高标准建设国际消费中心。推进落实《广州市建设国际消费中心城市发展规划（2022—2025 年）》，建设世界级消费功能核心承载区。围绕提升外来消费，建设国际品牌集聚地、品质消费生活典范区、广州特色文体商旅体验区、智慧商圈，创新消费场景、消费业态和商业模式，打造多样化一体发展的消费生态。率先试点扩大免税经济，拓宽国产品牌的免税销售渠道。加大商品质量、食品安全、市场秩序综合监管和治理，全面推进社会信用体系建设，为国内外消费者提供安全诚信的消费市场环境。为本地企业拓展更大海外发展空间，为世界带去更多广州项目、广州产品、广州标准，提升广州的经济贸易国际竞争力。

（四）擦亮国际旅游目的地形象

一是巩固提升国际旅游口碑。广州要继续强化与各类国际旅游平台联系，大力开拓国际旅游市场，创新旅游产品资源，加快推进文、商、旅、体、展、会等产业融合发展，综合提升国际知名旅游目的地吸引力。充分利用世界旅游组织、亚太城市旅游振兴机构、世界旅游城市联合会、世界旅游联盟等旅游界知名国际组织平台，加强与世界重要旅游城市的合作，推动务实合作项目落地。做大做强广州国际旅游展览会，扩大面向国际社会的宣传辐射力度。依托广州旅游境外推广机制，对发达地区的一线城市、发展潜力巨大的新兴城市及辐射全球的枢纽城市等重点对象进行定期推介。充分发挥 144 小时过境免签政策、境外旅客离境退税政策等对广州旅游业发展的促进作用，提高国际旅游美誉度和吸引力。

二是培育旅游经济新增长点。依托南沙优势，发展壮大邮轮旅游、游艇旅游等新型消费市场，优化邮轮产业政策体系，打造国际一流邮轮母港，吸引更多邮轮公司聚集南沙开辟国际航线，打造国家邮轮旅游发展实验区和邮轮全产业链聚集地。打造"广州之夜"品牌，策划一批具有广州特色的夜间文化旅游集聚区，充分释放夜间经济活力。逐步发展湿地旅游，扩大海珠湿地国际湿地馆知名度，争取成为国际湿地公约组织常设联络交流点。策划推出一批特色民居、特色餐馆、特色市场、老字号等旅游产品，加强广州旅游集散中心建设，系统开发全域旅游，与周边城市共同提升世界级消费旅游目的地的旅游体验。

三是塑造个性化色彩的旅游名片。巩固提升"世界花城""海上丝路""食在广州""珠江夜游"等广州特色标签，擦亮岭南文化、近现代革命、千年商都、现代都市、珠水云山、温泉养生等城市文旅名片，丰富国际旅游产品类型，为国际游客提供高品质、个性化的旅游产品服务。扩大"广州过年 花城看花""花城人家""国际旅游知名人士·幸福广州之旅"等文化旅游推介体验活动效应，积极发展社会资源国际访问点，更好地针对国际重点游客群体推介广州。统筹推进"一区一品牌"建设，例如越秀区以中共三大会址纪念馆、广州起义烈士陵园、广州农民运动讲习所旧址等革命史迹为依托讲好红色故事，荔湾区依托强化永庆坊等重点场景塑造岭南传统文化品牌，天河区重点突出各大商圈增强时尚商业魅力等，分门别类地推出全市参访、采风及旅游路线。

六、提升服务支撑能力，营造一流人居氛围

复杂变化的国际形势对国际交往中心城市的配套服务设施及保障能力提出了新要求。广州急需夯实交通、场馆、社区等基础设施建设，提升语言、教育、医疗与中介等国际化服务水平，造就外事干部、后备人才、专家学者等高素质的人才队伍，为国际交往中心城市建设提供全方位强有力的支撑。

（一）夯实城市基础设施硬件建设

一是巩固提升交通门户枢纽作用。夯实空港海港铁路港数字港"四港联动"的综合交通体系，提升国际综合交通枢纽能级。将白云国际机场周边打造成为新增长极，推进与大湾区其他机场协同发展，共同拓展境内外航空网络，推动多式联运代码共享和城市候机楼（厅）共建。加强大湾区港口航运合作，推动形成优势互补的港口航运体系，联动香港、深圳共建邮轮港口集群，建设港澳客运口岸码头。落实高铁战略性通道建设，推动形成"产业带动＋流量承载"良性循环的综合交通枢纽发展模式。推进以广州为枢纽、覆盖珠三角主要城镇的城际轨道交通网络和高速公路网建设，推动广深港高铁引入广州中心城区，实现"一张网、一张票、一串城"轨道交通格局，实现以广州为中心、主要城市间的"1小时生活圈"，共建"轨道上的大湾区"。提升信息基础设施建设水平，畅通对外沟通联络渠道，建设国际数字信息枢纽与信息化合作示范区。

二是加快国际活动场馆设施建设。以高水平、国际化标准完善会议场馆的基础设施建设，优化场馆周边的交通、环境和配套服务设施。加快建设通达会展场馆的地铁、机场快线、快速公交、城市快速路等交通服务，提升会展场馆的可达性和人员疏散能力。鼓励现有会展场馆进行智能化改造，积极打造绿色场馆、智慧场馆，推进会议中心与城市融合协调发展，让会址成为城市地标性景观。利用新型数字技术做好会议官方网站，提供

一站式信息查询服务。融合发展会议、展览、颁奖、节庆、赛事、演艺、考察等活动形式，增加会议IP附加值，扩大对目标受众的整体吸引力。完善会展场馆及周边地区的安保、翻译、住宿、餐饮、娱乐、商场、通信、物流等配套服务功能，加强现有酒店、停车场、仓储设施、旅行社等的承接能力，综合提升国内外嘉宾的参会体验。

三是稳步推进国际化街区建设。国际化服务覆盖面广、系统性强，可将国际化街区作为"一站式"服务集成平台，加强统筹协调，打造链接各职能部门的有效对接机制。利用"互联网＋"手段，通过搭建集网上办事、生活信息、网格管理于一体的智慧化社区服务系统，加强信息搜集与反馈联动，及时解决与居民生活密切相关的实际问题。针对社区集聚国际人群的不同特点，突出服务的不同侧重点，例如面向企业居民搭建创业孵化机构及资讯获取载体，面向家庭居民完善儿童教育与游憩的场所与设施，面向青年居民加强社交活动服务等。吸引餐饮、文化、运动等多元休闲娱乐要素进驻街区，与周边公共文化服务设施等公共空间相结合，满足中外居民生活所需。

（二）优化专业化涉外公共服务

一是持续优化城市国际语言环境。根据公共场所外语标识国家标准，以《广州市公共场所外语标识管理规定》立法为新起点，重点推进交通、文化旅游、体育、商业等国际生活高频场所的外语标识地方标准修订，及时对相应场所设施的外语标识进行规范更新。拓展广州多语种公共服务平台功能，建立多语种网络服务系统，加强多语种政府官方网站、城市咨询、法规政策、应急援助、经济文化动态、生活服务信息、翻译等功能建设。健全多语言服务热线工作机制，建设一站式双语政务服务大厅，提升重点窗口单位和服务行业外语服务能力。调动国内智能科技公司力量，做好技术攻关，开发与生活环境对应的AR外语导览系统，通过创新翻译类产品和服务，逐步实现"人机互联、人际互通"的对话图景。

二是着力提升教育国际化水平。探索制定广州市国际学校发展、广州市中小学国际理解教育、广州市外籍人员子女学校管理相关配套文件，为促进教育对外开放提供依据和保障。充分统筹政府与社会资源，建设及引进更多公立或民间国际化办学机构，同时增加具有接受外国学生资格的本地中小学的数量，提高接收各级外籍及港澳台学生入学的承载能力。探索建立与国际先进教育体系接轨的办学机制，全方位推进基础教育、高等教育、职业教育等各层级教育国际交流合作，吸引更多国内外高水平大学、职业院校与境外教育机构来穗合作发展，开展教师互派、学生互换、课程互选、学分互认、学位互授联授等多种形式的涉外合作办学，为提升本地教育国际化水平带来更多资源。

三是提供国际水准的医疗服务。构建综合性、多层次、具有国际化水平的医疗服务体系，不断引进具有国际一流水平的医疗人才，鼓励医药卫生类高职院校积极探索"定向培养、工学结合"和"中外合作、联合培养"等多元化、国际化医疗人才培养模式。鼓励和引导社会开办具有高水平医疗服务能力的诊所或医院，以医疗集团为抓手推动公立医院改革，集聚国际高端优质医疗资源。提高本市医疗机构的外语接待和服务能力，促进医疗保险体系与社会商业结算对接，为国际人士就医就诊提供更多便利。提高本地医疗机构与海外顶尖医疗机构的联合会诊能力，确保各类医疗信息顺利传递，全方位优化国际化医疗服务。

四是优化国际化中介服务。充分统筹调动社会资源，进一步促进各类涉外中介服务机构专业化、规范化、国际化发展。建立国际化中介机构名录，授予入库企业"国际化服务"认证凭证，便于外籍人士识别寻找与需求合适的机构。引导国际化中介服务机构提供企业登记代理、商标注册代理、知识产权咨询、报关报检代理、翻译、税务、会计事务等事项办理服务，提高租房购房、家政保洁、婚姻介绍等中介服务国际化水平。对标国际综合法律服务水准，建立优质法律服务环境，推动国际化法律服务业享受更多政策倾斜，积极推进内地律师事务所聘请港澳律师任职、中外律师事务所试点联营等新举措。建设国际一流的商事纠纷仲裁中心，为中外企业的合法权益保驾护航。

（三）建设复合型国际化人才队伍

一是锤炼能力过硬的外事干部队伍。健全全市外事干部培养机制，打造"干部人才—专业人才—后备人才"三级梯队，通过教育培训、挂职锻炼、短期交流等方式，推荐干部赴国际组织机构学习及工作，提升其国际视野、专业能力和综合素质。对于具有国际组织锻炼经历的人才，以授课、座谈等形式向全市各领域各部门专业人员传授所学所得，实现先进经验价值最大化。建立完善涉外领导干部、业务骨干、翻译人才、其他人员等分类培训工作方法，推动外交外事知识进党校、进智库、进网课等，提升全市党政干部政治站位、理论素养和业务水平。围绕高素质专业化公务人员队伍建设，以加强思想政治建设、职业道德建设和业务能力建设为重点，在掌握全球视野、熟练运用外语、通晓国际规则、精通国际谈判等方面取得突破。

二是培育国际青年后备人才队伍。依托广州各大高校的外语人才资源优势，大力发挥重点院校在培养国际交往青年人才中的潜能与优势。根据多语种培训、对外交往技能、国际事务管理、实际情境实践等方面，设计国际组织专业人才培养方案，全方位推进国际组织人才培养工作。鼓励外事部门加强与国际组织、领馆、高校、智库、企业等主体合作，举办各种形式的学习班、研修班等，联合培养高水平国际交往人才。从知识传授、素质培养、视野提升、理想教育等方面出发，深入推进国际交往后备人才培养工作。依托在穗高校的外语学科或国际关系学科资源，开设国际治理类专业、复合型人才班或特色学院，通过举办国际组织夏令营、组织国际问题征文研讨会、选派学生赴国际组织参加志愿服务或实习等渠道，打通国际组织后备人才培养及就业路径。建立常态化的外语服务志愿者队伍，协助解决重大国际活动中的信息联络、语言翻译、接待指引等需求。

三是发掘与国际接轨的专家学者。建立国际交往中心城市决策咨询专家顾问团或国际咨询委员会，推进中外学术联盟和合作网络建设，开展全球化课题合作研究，形成规模效应。建立广州国际交往工作专家咨询机制，强化对全球治理、城市外交和地方外事等领域的相关课题研究，对广州参与国际交往的战略形势与思路对策进行专业研判，为涉外部门提供决策咨询参考。为具有较高国际交流能力的专家学者提供更多发声场合，主动与国际一流机构及研究人员进行对话，传递广州声音。建立涉外专家资源库和共享机制，打通行政部门与科研部门人才流通的"旋转门"，为广州外事人才队伍注入更多活力。

参 考 文 献

［1］陈东晓. 中国的"主场外交"：机遇，挑战和任务［J］. 国际问题研究，2014（5）：4－16.

［2］陈柳钦. 城市形象的内涵，定位及其有效传播［J］. 湖南城市学院学报，2011（1）.

［3］陈楠. 城市外交与中国特色大国外交：思想契合、战略对接与机制创新［J］. 国际展望，2018（1）：16.

［4］陈希颜，陈立旭. 中国式现代化的共同特征与中国特色［J］. 治理研究，2022，38（6）：23－30，125.

［5］高祖贵. 论加强党中央对外事工作的集中统一领导［J］. 中共中央党校（国家行政学院）学报，2022（3）：30－39.

［6］哥伦比斯，沃尔夫. 权力与正义［M］. 北京：华夏出版社，1990.

［7］郭可. 全球城市形象传播的生成机制及理论阐释［J］. 新闻大学，2018（6）.

［8］郭震洪，李云娥. 从增长极理论探讨中心经济城市在区域经济中的作用［J］. 山东社会科学，2006（8）：68－70.

［9］黄佩贤. 广州传统建筑与西方文化［J］. 华中建筑，1998（4）：143－144.

［10］黄欣欣，吕红. 西安城市品牌国际化路径分析［J］. 对外经贸，2022（12）：77.

［11］来丰. 全球化时代的城市交往规律：公共外交的视角［J］. 上海师

范大学学报（哲学社会科学版），2015（3）：51－58.

[12] 冷东，林瀚. 清代广州十三行与中西文化交流［J］. 广东社会科学，2010（2）：113－120.

[13] 李利国. 中国国际友城工作发展现状与总体目标［J］. 公共外交季刊，2013（13）：34－41.

[14] 李庆新. 历史视野下的广东与21世纪"海上丝绸之路"［C］//海南省社会科学界联合会，广东省社会科学界联合会. 海上丝绸之路建设与琼粤两省合作发展：第三届中国（海南·广东）改革创新论坛论文集，海口：南方出版社，2014：282－288.

[15] 李小林. 城市外交：理论与实践［M］. 北京：社会科学文献出版社，2016.

[16] 梁昊光，郭艳军. 人类命运共同体的世界历史价值与实践路径［J］. 国际观察，2021（5）.

[17]《瞭望》新闻周刊. 成都会展新出发：打造具有全球影响力的国际会展之都［J］. 中国会展，2021（5）.

[18] 刘斌. 清代广州外销银器的发展阶段及特点［J］. 中国港口，2018（S2）：10－17.

[19] 刘波. 北京国际交往中心发展报告（2021～2022）［M］. 北京：社会科学文献出版社，2022.

[20] 刘波. 我国城市参与共建"一带一路"的路径研究［J］. 城市观察，2023（2）：6－13.

[21] 刘波. "一带一路"背景下的北京国际交往中心建设［M］. 北京：中国经济出版社，2017.

[22] 刘芬，于志涛. 城市形象传播误区与辩证理念的创新［J］. 长春师范学院学报（自然科学版），2006，25（1）.

[23] 刘建超. 奋力谱写新时代新征程　党的对外工作崭新篇章［J］. 当代世界，2023（1）.

[24] 刘金质，梁守德，等. 国际政治大词典［M］. 北京：中国社会科

学出版社，1994.

［25］刘思妗. 中国智库国际化人才培养的路径探析［J］. 智库理论与实践，2019，4（3）：56－64.

［26］宁吉喆. 中国式现代化的方向路径和重点任务［J］. 管理世界，2023，（3）.

［27］饶戈平. 国际组织法［M］. 北京：北京大学出版社，2003.

［28］任仲文. 何为中国式现代化［M］. 北京：人民日报出版社，2022.

［29］苏永华. 城市形象传播理论与实践［M］. 杭州：浙江大学出版社，2013.

［30］汤伟. 超越国家？：城市和国际体系转型的逻辑关系［J］. 社会科学，2011（8）：19－27.

［31］王冲. 新时代中国特色大国外交应发挥地方积极性［N］. 中国社会科学报，2020－04－28.

［32］王申. 晚明西方传教士学术传教的策略与实践：以高一志为中心的考察［J］. 首都师范大学学报（社会科学版），2017（2）：15－22.

［33］王毅. 全面推进中国特色大国外交［N］. 人民日报，2022－11－08.

［34］王毅. 矢志民族复兴，胸怀人类命运 奋进中国特色大国外交新征程［J］. 求是，2023（1）.

［35］王跃生，马相东，刘丁一. 建设现代化经济体系、构建新发展格局与推进中国式现代化［J］. 改革，2022（10）.

［36］魏修柏，杨立华. 中国企业公共外交的现状、特点与模式：基于企业案例的研究［J］. 公共外交季刊，2017（4）：104－110，135.

［37］吴志成. 中国式现代化道路的世界内涵［J］. 国际问题研究，2022（3）.

［38］熊九玲. 奋进国际交往中心功能建设新征程：以更大作为融入和服务新时代首都发展［J］. 前线，2022（10）.

［39］熊九玲. 开创大国首都国际交往新局面［J］. 前线，2023（12）.

［40］杨宏烈，杨禾. 广州十三行行商引进西方船炮［J］. 当代广州学评论. 2017（1）.

［41］杨洁篪. 深化新兴市场国家和发展中国家团结合作 携手构建人类命运共同体［J］. 求是，2022（14）.

［42］杨洁篪. 深入学习贯彻习近平外交思想进一步开拓对外工作新局面［N］. 人民日报，2022-05-16.

［43］杨奎，刘波. 人类文明新形态的逻辑生成、中国特色和世界意义［J］. 中国特色社会主义研究，2022（2）：12-19.

［44］姚宜，胡泓媛. 广州城市形象传播的新策略：以广州《财富》全球论坛的传播为例［M］//广州城市国际化发展报告（2018）. 北京：社会科学文献出版社，2018.

［45］于宏源. 全球民间外交实践与新时代中国民间外交发展探析［J］. 当代世界，2019（10）：6.

［46］于洪君，等. 深入学习贯彻党的二十大精神：以中国方案应对世界之变［J］. 国际论坛，2023（1）.

［47］张飞岸，肖楚锋. 开创人类文明新形态：中国式现代化道路的三重内涵［J］. 理论探讨，2022（5）.

［48］张丽华. 国际组织概论［M］. 北京：科学出版社，2015.

［49］张鹏. 地方部门作为对外关系"有限参与行为体"［J］. 世界经济与政治，2013（8）：139-155.

［50］张西平. 西方汉学的奠基人罗明坚［J］. 历史研究，2001（3）：101-115.

［51］张跃国. 广州蓝皮书城市国际化发展报告（2017）［M］. 北京：社会科学文献出版社，2017：81-100.

［52］赵可金，赵丹阳. 中国特色大国外交的理论基础［J］. 世界经济与政治，2022（1）.

［53］中共中央宣传部，中华人民共和国外交部. 习近平外交思想学习纲

要［M］. 北京：人民出版社，学习出版社，2021.

［54］中华人民共和国国务院新闻办公室. 共建"一带一路"：构建人类命运共同体的重大实践［J］. 人民日报，2023－10－11.

［55］周鑫宇. 国际交往中心建设的新内涵［J］. 前线，2018（9）.

［56］朱云杰，于宏源. 城市全球化赛道视域下的上海对外交往能级建设［J］. 城市观察，2023（2）：14－27.

［57］FRIEDMAN J. Being in the world：globalization and localization ［J］. Theory，culture & society，1990，7（2）：311－328.

［58］PLUIJM R，MELISSEN J. City diplomacy：the expanding role of cities in international politics ［J］. European journal of political economy，2007，11（3）：599－601.

［59］SHORT J. Globalization and the city ［J］. Globalization and the city，1999，25（1）：151－152.

［60］ SMITH M P. Transnational urbanism：locating globalization ［M］. Oxford：Blackwell，2000.

.